Die Stammbücher
Beethovens und der Babette Koch

in Faksimile mit Einleitung und Erläuterungen herausgegeben

von

Max Braubach

Zweite, um eine Textübertragung erweiterte Auflage

BEETHOVEN-HAUS · BONN 1995

Veröffentlichungen des Beethoven-Hauses in Bonn
Neue Folge, herausgegeben von Sieghard Brandenburg, Reihe 3, Band 9

ISBN 3-88188-008-9
ISSN 0524-031-X

Gedruckt mit Unterstützung der Richard und Anne-Liese Gielen-Leyendecker-Stiftung
und des Landschaftsverbandes Rheinland

Vorwort

Der Verein Beethovenhaus in Bonn glaubt mit dieser Veröffentlichung einmal Beethoven zu seinem 200. Geburtstag in besonderer Weise zu ehren und zugleich die Forschung über seine Bonner Jugendjahre erheblich zu fördern. Waren die Stammbuchblätter, die ihm seine Freunde und Freundinnen bei seinem Abschied vom Rhein im Herbst 1792 mit auf den Weg gaben, bereits seit längerer Zeit bekannt, so bietet das bisher unbekannte, durch die Beigabe von zahlreichen Silhouetten und Zeichnungen ungemein reizvolle Stammbuch der ihm in der Jugend eng verbundenen Babette Koch einen weitergehenden Einblick in die Beziehungen und Zusammenhänge, in denen Beethoven sich in seiner Heimatstadt bewegt hat.

Der Inhalt der beiden Stammbücher wird in Faksimile — unter Fortlassung der vor allem in dem Album der Babette vorhandenen Leerblätter — wiedergegeben. Eine Einleitung berichtet sowohl über ihren äußeren und inneren Befund als auch über das, was sich über die Beziehungen zwischen Beethoven und der späteren Gräfin Belderbusch ermitteln ließ. Der Wiedergabe der Originale sind sodann Erläuterungen beigefügt, die, soweit dies möglich war, über die in den Blättern vorkommenden Persönlichkeiten und ihre Haltung zu dem Komponisten Auskunft geben. Der Einband ist dem Originalumschlag um das Stammbuch der Babette nachgeformt.

Für die Erlaubnis zur Aufnahme und Veröffentlichung der Stammbücher sei den Besitzern, der Nationalbibliothek Wien und dem Beethovenhaus Bonn, herzlich gedankt. Der Druck ist z. T. dadurch ermöglicht worden, daß der Bonner Heimat- und Geschichtsverein beschlossen hat, eine Anzahl von Exemplaren abzunehmen, um sie seinen Mitgliedern als Jahresgabe für das Beethovenjahr 1970 zugehen zu lassen.

Max Braubach

Inhalt

Einleitung

Wir wissen nicht allzuviel von dem Leben Beethovens in seinen Bonner Jugendjahren. Aus den Bonner und anderen Kirchenbüchern lassen sich seiner Familie und seine Lebensdaten entnehmen, und über seines Großvaters, seines Vaters und seine eigenen Wege in der kurfürstlich-kölnischen Hofkapelle geben uns deren Akten mit Dekreten über Anstellung und Gehälter, mit Bittgesuchen und Berichten manche Auskunft. Über seine ersten musikalischen Erfolge erfahren wir einiges aus den Korrespondenzen und Veröffentlichungen seines Lehrers Neefe und aus Mitteilungen in zeitgenössischen Musikmagazinen, doch kennen wir auch manche seiner frühen Kompositionsversuche und erste zum Druck gebrachte Stücke mit Widmungen des jungen Musikers an hochgestellte Persönlichkeiten des Hofes. Aber nur sehr spärliche unmittelbare Zeugnisse für seine Jugendentwicklung und für das Leben um ihn haben sich erhalten. Wir besitzen einen einzigen eigenhändigen privaten Brief, den der junge Mann in Bonn schrieb; nach seiner Rückkehr von seiner ersten Reise nach Wien hat er ihn am 15. September 1787 an den Augsburger Rat Schaden gerichtet, mit dem und dessen Familie er während seines Aufenthalts in der Reichsstadt Freundschaft geschlossen hatte. Dann gibt es zwei farbige Glückwunschkarten an das Fräulein Lorchen von Breuning wohl aus dem Jahre 1791, denen ein von Lorchen ihrerseits geschriebener Neujahrswunsch an Herrn Ludwig van Beethoven entspricht. So sind wir für sein Leben und seine Erlebnisse in der rheinischen Heimat auf Erinnerungen von Nachbarn und Bekannten wie dem Bäckermeister Gottfried Fischer angewiesen, und dazu kommen vor allem die biographischen Notizen, die Gerhard Wegeler, seit Beginn der 80er Jahre dem Jüngling freundschaftlich verbunden und seit 1802 mit Eleonore von Breuning verheiratet, Beethoven unter Beigabe seines und seiner Frau Briefwechsels mit ihm nach seiner Übersiedlung nach Wien und mancher Erinnerungsstücke aus Breuningschem Besitz gewidmet hat. Gerade das, was er berichtet, wird nun aber wesentlich ergänzt und erweitert durch zwei in der Zeit des Abschieds Beethovens von Bonn entstandene Gedenksammlungen von eigenartigem Reiz, die schon als wertvolle Dokumente für die Kultur jener Epoche eine Faksimile-Wiedergabe verdienen dürften, deren Inhalt zudem aber ganz anders, als das bisher möglich war, erlaubt, den Freundeskreis, in dem der künftige große Meister sich in seinen letzten Bonner Jahren bewegt hat, in seiner Zusammensetzung, seiner Bildung und seinem menschlichen und geistigen Gehalt zu erkennen. Eins seiner zu hohem Ansehen gelangten Mitglieder hat ein Vierteljahrhundert später geurteilt, daß in ihm damals der Mittelpunkt alles geistigen und geselligen Vergnügens in Bonn gewesen sei und daß, wenn man nun, mit der Errichtung einer neuen Universität, in der preußisch gewordenen Stadt noch so gelehrt werden möge, ein solcher Kreis sich doch nicht leicht wieder finden werde. Zur selben Zeit hat im fernen Wien Beethoven dankbar jener Freunde und Freundschaften in der Heimat gedacht: kein Zweifel, daß sie einst sein Denken und Handeln stark beeinflußt haben.

Es handelt sich um zwei sogenannte Stammbücher, wie sie sich gerade in Deutschland seit dem 17. Jahrhundert häufiger finden, angelegt von literarisch interessierten Menschen und Studenten, die Autographen bedeutender Zeitgenossen oder ihrer Lehrer sammelten, aber auch von Jünglingen und Mädchen im Gedenken an Freundschaft oder Liebe, denen in gefühlvollen, aus bekannten Dichtungen entnommenen oder eigenen Versen Ausdruck gegeben wurde, wenn man nicht gar philosophische Bekenntnisse ablegte und edle Grundsätze verkündete, oft unter Zufügung mehr oder weniger künstlerischer Beigaben von getrockneten Blumen bis zu Zeichnungen und Malereien. Ein Beispiel dafür, daß solche Bücher angelegt wurden, um einem scheidenden Freund

Glück zu wünschen und ihn an die zurückbleibenden Genossen gemeinsamen Strebens und froher Stunden zu erinnern, stellt unsere erste Sammlung dar. Für niemand anders als Beethoven selbst bestimmt, als er im Herbst 1792 seine Reise nach Wien antrat, ist sie der Forschung seit längerer Zeit bekannt und mehrfach auch im Wortlaut wiedergegeben worden. Aber abgesehen davon, daß manche der an dieser Kundgebung beteiligten Persönlichkeiten bisher gar nicht oder falsch identifiziert wurden, ließ auch die Auswertung der interessanten Quelle zu wünschen übrig.

Ihren äußeren Befund gibt unsere Ausgabe in Format und Inhalt genau wieder. Es handelt sich um 18 Blätter, die heute zusammengebunden sind, wahrscheinlich aber, wie wir gleich sehen werden, Beethoven lose übergeben worden sind. Ein Titelblatt ist mit einer Federzeichnung bedeckt, die offenbar einen teilweise mit dichtem Gehölz umgebenen Hain darstellt, in dessen Mitte man einen Felsblock und darauf eine Urne zu erkennen meint. In diesem mit Strichen weniger bedeckten Block kann man die auseinandergezogenen Worte „meinen Freunden" lesen, darunter in ganz kleiner Schrift den Namen Degenhart. Am unteren Rand etwa in der Mitte steht deutlich „Ludwig Beethoven": es ist nicht seine Schrift, sondern, wie ein Schriftvergleich mit einer der Eintragungen einwandfrei ergibt, die jenes Degenhart. Wieder in sehr kleiner Schrift begegnen wir dann noch am unteren rechten Rand dem Namen „Koch". Daß sich damit der eigentliche Verfertiger des Bildes angibt, wird dadurch bestätigt, daß bei seiner Eintragung, die sich an fünfter Stelle findet, eine Zeichnung eingefügt ist, die kleiner und viel deutlicher das gleiche Motiv wie das Titelblatt, offenbar einen Freundschaftsaltar, enthält. Man wird daraus schließen, daß zum mindesten an der Gestaltung, wahrscheinlich aber an der Entstehung des Geschenks Koch und Degenhart — wir werden auf die Persönlichkeiten später eingehen — maßgebend beteiligt gewesen sind. Das Buch, wie es heute vorliegt, schließt insgesamt 15 Eintragungen in sich, die sämtlich mit genauem Datum versehen, aber nicht etwa chronologisch geordnet sind. Von ihnen sind vier — Malchus, Marianne Koch, Richter und Koch — am 24., eine — Eichhoff — am 25., eine — Graf Waldstein — am 29., zwei — Degenhart und Struve — am 30. Oktober, und sechs — Witwe Koch, Eleonore von Breuning, Christoph von Breuning, Eilender, Crevelt und Klemmer — am 1. November 1792 geschrieben worden, wobei als sicher anzunehmen ist, daß Crevelt aus Versehen statt November den eben vergangenen Oktober eingesetzt hat. „Am Abend unseres Abschiedes" stellt an diesem 1. November die Witwe Koch fest, und daraus ergeben sich Ort und nähere Umstände der Übergabe. Sie war damals in Bonn weithin bekannt als Besitzerin des Hauses zum Zehrgarten am Markt, in dem sie eine Gastwirtschaft und zugleich eine Buchhandlung betrieb; hier war offenbar der Treffpunkt des Freundeskreises, dem Beethoven angehörte, am 24. Oktober hat ihr Sohn mit Zeichnung und Spruch eine erste Seite bedeckt, welchem Beispiel sofort seine Schwester Marianne und zwei junge Männer, Malchus und Richter, die beide zum Gefolge des kaiserlichen Gesandten am kurfürstlichen Hofe zählten, folgten. Andere schlossen sich in den nächsten Tagen an, und endlich feierte man am 1. November, einem Donnerstag, Abschied von dem Musiker, der wohl am folgenden Tage aufbrach, um — nach den Worten, die ihm Graf Waldstein mit auf den Weg gab — in Wien Mozarts Geist aus Haydns Händen zu erhalten. Es müssen übrigens, wie wir den diplomatischen Berichten jenes Gesandten entnehmen können, recht aufregende Tage für alle Bonner gewesen sein; in dem seit dem Frühjahr im Gang befindlichen Kriege zwischen den deutschen Mächten und dem revolutionären Frankreich hatten die Franzosen überraschend Mainz besetzt, man befürchtete ihren weiteren Vormarsch den Rhein abwärts, so daß die höfischen und politischen Kreise der kölnischen Residenz bereits Vorbereitungen für ihre Flucht trafen. Noch einmal ist die Gefahr vorübergegangen, und so ist es doch nur Beethoven gewesen, der Abschied aus der vertrauten Runde nahm.

Fragen wir uns hier zunächst, was aus dem „Stammbuch" geworden ist, das er sicher in seinem Reisegepäck mit sich führte. Zu seinen Lebzeiten können wir über seinen Verbleib nichts feststellen. Erst über ein Jahrzehnt nach Beethovens Tode begegnet uns in der zuerst 1840 von Schindler veröffentlichten Biographie des toten Meisters die Eintragung Waldsteins in wörtlicher Wiedergabe, die dabei aber als Brief des Grafen bezeichnet wird; auf sie, die sich damals in der Autographensammlung des Wiener Buchhändlers Franz Graeffer befand, ist Schindler von dem Musikantiquar Aloys Fuchs aufmerksam gemacht worden. Nach Angaben von Fuchs hatten bei der Versteigerung von Beethovens Nachlaß 1827 die Verleger Artaria und Haslinger vieles „zusammengerafft", und die Vermutung liegt nahe, daß dazu das Blatt Waldsteins ebenso wie die anderen Teile des Albums gehört haben, die also damals nicht zusammengebunden waren, und daß die ganze Sammlung über einen bei Artaria angestellten Bruder Graeffers an diesen gelangt ist. Dann hören wir von ihr erst wieder im Jahre 1871. Da hat der Wiener Musiklehrer und Beethovenforscher Gustav Nottebohm in zwei Nummern der Leipziger Allgemeinen musikalischen Zeitung sämtliche Aufzeichnungen, wie sie uns heute vorliegen — es ist durchaus möglich, daß in der Zwischenzeit einige Blätter verloren gegangen sind —, in gekürzter Form abgedruckt, wozu er die ganz unbestimmte Mitteilung vorausschickte, daß vor einiger Zeit ein Stammbuch zum Vorschein gekommen sei, in welches sich Freunde und Freundinnen Beethovens kurz vor dessen Abreise von Bonn nach Wien im Jahre 1792 eingeschrieben hätten. Diese Veröffentlichung hat er im folgenden Jahre in einer Aufsatzsammlung „Beethoveniana" wiederholt mit dem Zusatz, daß sich das Buch nunmehr in der Wiener Hofbibliothek befinde. Aus deren Akzessionsbuch ergibt sich, daß man es am 11. März 1871 von Nottebohm selbst für 20 Gulden angekauft hat. Wir wissen nicht, ob es Nottebohm schon von Graeffer, der Anfang der fünfziger Jahre verarmt gestorben war, bzw. seinen Erben erworben hat oder ob es durch mehrere

Hände gegangen ist, ehe es an ihn gelangte. Erst in der Hof- oder Nationalbibliothek, in der das Album sich heute noch befindet, hat man die Blätter zusammenbinden lassen. Hermann Deiters hat in dem Anhang zu der 1901 erschienenen zweiten Auflage des ersten Bandes von A. W. Thayers „Ludwig van Beethovens Leben" die Eintragungen in vollem Wortlaut abgedruckt, die ebenso in Ludwig Schiedermairs Buch „Der junge Beethoven" von 1925 wiedergegeben sind, und Hans Gerstinger konnte 1927 eine erste Faksimileausgabe mit erläuterndem Beiheft veröffentlichen.

Als Ausschmückung enthält das Stammbuch Beethovens außer den erwähnten Zeichnungen Kochs noch unter dem Spruch von Struve eine bunte Malerei, die zwei ineinander gelegte Kränze, der eine mit roten Rosen, der andere mit blauen Trauben, durch eine Schleife zusammengehalten zeigt, und vor allem gegenüber der Eintragung Waldsteins die Silhouette eines männlichen Kopfes auf hellrotem Podest innerhalb eines gleichfarbigen, mit Schleifen und Rosen versehenen Rahmens: es kann kein Zweifel sein, daß sie den Grafen wiedergibt. Nun, diesem einem Porträt entsprechen in dem zweiten Stammbuch, das wir hier neben das von Beethoven stellen, nicht weniger als 37. Bei ihm hat es sich nicht um einzelne Blätter gehandelt, sondern von Anfang an um ein in blauer Seide gebundenes Album mit 154 Seiten, das einem jungen Mädchen geschenkt wurde, damit seine Freunde und Freundinnen sich darin verewigen konnten. Da gibt es denn auch weit mehr Eintragungen als in der Abschiedskundgebung für Beethoven, nämlich insgesamt 41, auch sie übrigens ohne chronologische Ordnung, manche aber überhaupt nicht oder nur mit Anfangsbuchstaben signiert, andere ohne Datum, das Ganze aber weit prächtiger mit eingestreuten Aquarellzeichnungen rheinischer Landschaften, aufgeklebten Glückwunschkarten, getrockneten Blumen, vor allem aber mit jenen fast allen Niederschriften gegenübergestellten Silhouetten — darunter auch einigen bunten Miniaturporträts — ausgestattet. Man wird so wohl von einem der schönsten und eindrucksvollsten Stammbücher sprechen können, die bisher bekannt geworden sind. Seine historische Bedeutung nun liegt aber vor allem darin, daß es uns in denselben Bonner Kreis führt, der dem jungen Beethoven seine Segenswünsche mit auf den Weg gab, ja an denselben Ort, wo dies geschah, in den Zehrgarten am Markt. Denn das Mädchen, dem das Buch gehörte, war Barbara oder Babette Koch, ältere Tochter der Witwe Koch, und von ihr hat Wegeler in seinen Biographischen Skizzen berichtet, daß gerade um sie — „eine Dame, welche von allen Personen weiblichen Geschlechts, die ich in einem ziemlich bewegten Leben, bis zum hohen Alter hinaus, kennen lernte, dem Ideal eines vollkommenen Frauenzimmers am nächsten stand" — jene Gesellschaft von Jüngern der Kunst und des Geistes sich zusammengefunden hatte, in der sich Beethoven in seinen letzten Bonner Jahren bewegte.

Die Entstehung und der Anlaß der sich über einen längeren Zeitraum erstreckenden Eintragungen lassen sich bei diesem Stammbuch nicht so genau klären wie bei den Beethoven im Herbst 1792 gewidmeten Blättern. Von wem stammen die auf den ersten Seiten eingeklebten Votivstücke, zunächst ein Paar, von dem er in einen Baum „B. K." eingeritzt hat, dann ein Opferaltar, an dem ein Mädchen mit einem Kranz in der Hand steht und an dessen Fuß die Buchstaben „B K" und darunter „M K" sich befinden, während am unteren Rand des Bildes man ein „W" zu erkennen meint? Sicher bedeutet B K Barbara oder Babette Koch, während mit M K entweder ihre Schwester Marianne oder ihr Bruder Matthias gemeint sein dürfte. Ob es sich bei dem W um den Stifter wenn nicht des Buches, so doch des Bildes handelt? Es folgt sodann wieder ein aufgeklebter gedruckter Glückwunsch in Herzform mit dem Datum „Am 1ten Jenner 1789" und der handschriftlichen Widmung: An „Meine liebe Freundin Betty Koch". Leider fehlt die Unterschrift, und ein Vergleich mit Niederschriften aus dem Freundeskreis ergibt keine Anhaltspunkte. Es läßt sich auch nicht entscheiden, ob es sich hier um den Schenkungsakt für das Album handelte — wogegen die Tatsache spricht, daß keine der datierten Eintragungen aus dem Jahre 1789 stammt — oder um einen Neujahrsglückwunsch, der später in das Buch eingefügt wurde. Als frühestes Datum begegnet uns in einer Eintragung mit Silhouette eines Mannes, aber ohne Unterschrift, „Bonn d. 19ten April 1790". Wir können also mit Sicherheit nur feststellen, daß dies Stammbuch von der Besitzerin seit dem Frühjahr 1790 Freunden und Freundinnen vorgelegt worden ist. Bei einer chronologischen Ordnung ergibt sich dann, daß von den datierten Eintragungen neun auf das Jahr 1790 entfallen, wovon vier nicht in Bonn, sondern im November in Rheinberg getätigt wurden, zwei auf 1791, eine auf 1792, acht auf 1793, davon jedoch nicht weniger als sechs von Menschen, deren Bekanntschaft das Mädchen bei einem Aufenthalt in Bad Ems im August gemacht hatte. weiter vier auf 1794 und acht auf die Zeit von Oktober 1795 bis Januar 1796, diese nicht in dem inzwischen von den Franzosen besetzten Bonn, sondern in Mergentheim verfaßt. Endlich folgt noch ein Nachzügler aus dem Jahre 1802. Außerdem liegt in dem Album ein Schreiben aus Münster von Ende 1796, das offenbar von dort Babette zur Aufnahme zugeschickt worden war. Wir sehen also, daß sie das Buch auch auf Reisen — nach Rheinberg, Ems, Mergentheim — mit sich geführt hat, sich aber seit etwa 1796 nicht mehr viel um es gekümmert hat. Was dann aus ihm wurde, wissen wir nicht. Zu irgendeinem Zeitpunkt muß es wohl aus ihrem Nachlaß verschwunden sein. Denn im Jahre 1927 tauchte es im privaten Handel in Bonn auf, aus dem es der Verein Beethovenhaus erwarb. In dessen Besitz befindet sich das wertvolle Stück noch jetzt.

Jeder, der es in die Hand nimmt und durchblättert, wird sich natürlich fragen, woher sein wichtigster Schmuck, nämlich diese Fülle von Silhouetten, stammt. Die Herstellung von Schattenrissen der Profile von Persönlichkeiten war schon seit längerer Zeit betrieben worden, ehe man ihnen den Namen des unter Ludwig XV. von Frankreich nur für ganz kurze Zeit zu Ministertätigkeit berufenen Étienne de Silhouette beilegte. Nach Erfindung einer Silhouettiermaschine war es auch Laien möglich geworden, diese Kunst auszuüben, und in den letzten Jahrzehnten des 18. Jahrhunderts wurde sie zu einem weitverbreiteten Spiel in der Gesellschaft. Man hat sich ihm etwa in Weimar im Kreise Goethes hingegeben, aber auch in Bonn war es bekannt. Ein köstlicher Schattenriß der ganzen Familie von Breuning in vollen Figuren aus dem Jahre 1782 ist erhalten geblieben, und wenn Beethoven im Dezember 1826 an Wegeler schrieb, daß er noch von dessen Lorchen die Silhouette besitze, „woraus zu ersehen, wie mir alles Liebe und Gute aus meiner Jugend noch teuer ist", so befanden sich bei den Wegelers Schattenrisse der Köpfe nicht nur Wegelers selbst, sondern auch des jungen Beethoven, der nach des Freundes Meinung „damals im 16ten Jahre gewesen sein" mochte. In seinen Biographischen Notizen vermerkt Wegeler, daß die Silhouetten sämtlicher Glieder der Familie von Breuning und der näheren Freunde des Hauses in zwei Abenden von dem Maler Neesen in Bonn verfertigt worden seien. Daß dieser Mann, über dessen Existenz und Tätigkeit nur diese Mitteilung Nachricht gibt, etwa auch Babettes Album mit Silhouetten ausgestattet hat, ist schon deshalb unmöglich, weil er ja nicht bei jeder Eintragung zur Stelle sein und das Mädchen auch noch auf jenen Reisen begleiten konnte. Unwahrscheinlich ist auch, daß die Freunde und Freundinnen ihr Konterfei herstellen ließen oder mitbrachten. Des Rätsels Lösung liegt wohl darin, daß Babette Koch selbst sich auf die Kunst des Scherenschnitts verstand und die Silhouetten jeweils verfertigte. Das scheint mir dadurch bestätigt zu werden, daß, wenn ich recht sehe, am Rand der ersten, auf die wir in dem Buch stoßen, eine kleine Signatur „B K" steht.

*

Haben wir den äußeren und inneren Befund der beiden Stammbücher darzustellen versucht, so gilt es nun, in der für eine Einleitung gebotenen Kürze die Beziehungen zwischen den beiden Menschen, denen sie gehörten, aufzuzeigen. Sie waren fast gleichaltrig, denn Barbara oder Babette Koch wurde in Bonn am 18. Juni 1771 getauft, also fast genau ein halbes Jahr nach Ludwig van Beethoven. Offenbar waren die beiden Familien gut miteinander bekannt, da wir bei der Taufe einer nach wenigen Tagen wieder verstorbenen Schwester Beethovens am 23. Februar 1779 „Anna Maria Klemmer, dicta Koch", also Babettes Mutter, als Patin treffen. So werden die beiden Kinder sich von frühen Jugendtagen an gekannt, miteinander gespielt und auch wohl miteinander musiziert haben — denn nach späteren Zeugnissen hat das Mädchen selbst gesungen und auch wohl Klavier gespielt, hat sie zahlreiche Noten hinterlassen, die leider nicht mehr aufzufinden sind, und ihr Töchterchen hat ein Jahrzehnt nach ihrem frühen Tode in einem Brief seinem Vater versprochen, ihm Lieder von ihrer guten, lieben, seligen Mutter vorzusingen. Eng befreundet war sie mit Eleonore von Breuning, so daß sie wohl auch oft in deren Mutter Haus, in dem Beethoven dieser Freundin und ihrem jüngsten Bruder Lorenz Klavierstunden gab, mit ihm zusammen war. Merkwürdig ist ja nun, daß von allen Mitgliedern der Familie Koch gerade sie als einzige dem Jüngling kein Abschiedsblatt mit auf den Weg gegeben hat, wie andrerseits auch er in ihrem Stammbuch sich nicht verewigt hat. Dabei steht fest, daß sie in den Tagen, da Beethoven Bonn verließ, dort gewesen ist, denn hier hat ihr am 30. Oktober 1792 mit einem französischen Gedicht derselbe Malchus gehuldigt, der wenige Tage vorher als einer der ersten sich an der Freundschaftskundgebung für den scheidenden Beethoven beteiligt hatte. Und doch wäre der Schluß verkehrt, daß gerade sie ihm ferner gestanden hätte als ihre Geschwister. Wir besitzen nicht nur den Bericht Wegelers, der ihn an erster Stelle unter den Menschen nennt, die das Glück gehabt hätten, zu ihrem Kreise zu gehören. Es gibt vielmehr ein Zeugnis Beethovens selbst für enge Beziehungen zwischen ihnen. Ein Brief, den er aus Wien am 2. November 1793, also genau ein Jahr nach seiner Abreise aus Bonn, an Eleonore von Breuning richtete, hat sich erhalten, und da lesen wir folgenden Satz: „Sollten Sie die B. Koch sehen, so bitte ich Sie, ihr zu sagen, daß es nicht schön sei von ihr, mir gar nicht einmal zu schreiben, ich habe doch zweimal geschrieben, an Malchus schrieb ich dreimal und — keine Antwort, sagen Sie ihr, daß, wenn sie nicht wolle schreiben, sie wenigstens Malchus dazu antreiben solle." Bevor er zum erstenmal Eleonore von sich berichtete, hatte er also zweimal sich an Babette gewandt, und offensichtlich war er über ihr Schweigen unglücklich und gekränkt. Sie muß ihm, wie sich daraus ergibt, etwas bedeutet haben.

Sind es nur Gefühle der Freundschaft gewesen, die ihn ihr gegenüber bewegten, oder ist es mehr gewesen? Wegeler berichtet, daß er nie ohne eine Liebe und meistens von ihr in hohem Maße ergriffen war. Unter den von ihm genannten Mädchen, für die Beethoven in den Bonner Jugendtagen schwärmte, erscheint nun freilich Babette nicht, übrigens auch Eleonore nicht, die man auf Grund von unsicheren Anhaltspunkten für seine erste ernste Liebe gehalten hat. Deren Neffe Gerhard von Breuning, Sohn des auch noch in Wien mit dem Komponisten bis zu dessen Tod eng verbundenen Stephan, hat dagegen in seinen Erinnerungen an Beethoven — während er betont, daß zwischen ihm und Eleonore nur ein warmes, unvergängliches Freundschaftsbündnis bestanden habe — „seine Herzensneigungen zu Fräulein Babette Koch" erwähnt. Aus dieser sicher auf Erzählungen seines genau eingeweihten Vaters zurückgehenden Angabe wird man schließen können, daß den jungen Mann mindestens zeitweise innigere Empfindungen für das schöne Mädchen erfüllt haben. Möglicherweise hat sie sich nicht entgegenkommend gezeigt, ist es deswegen zu Verstimmungen gekommen, die sie veranlaßten, ihm keinen Abschiedsgruß mit auf den Weg zu geben und ihm auf seine Briefe nicht zu antworten. Man hat sich nicht wiedergesehen, und es hat auch nicht den Anschein, als ob man in unmittelbarer Verbindung miteinander geblieben ist. Einmal noch werden sie und ihre Familie in Beethovens erhaltenen Briefen erwähnt, und zwar sehr wenig freundlich: „Was Kochs angeht", so schrieb er am 29. Juni 1801 an Wegeler, „so wundere ich mich gar nicht über deren Veränderung, das Glück ist kugelrund und fällt daher nicht immer auf das Edelste, das Beste". Was war der Grund für diese bittere Bemerkung?

Babette hat, wie die teilweise leidenschaftlichen Huldigungen junger Männer in ihrem Stammbuch zeigen, viele Verehrer gehabt, und es hat wohl manche Liebesgeschichten um sie gegeben. Wenn wir in dem Album einmal auf das kecke Geständnis eines offenbar von den Ideen der in Frankreich ausgebrochenen Revolution erfaßten Anonymus stoßen, wonach er in einem freien Lande, wo der Pfaffen Bande kraftlos seien, Babette sein einzig Liebchen nennen dürfte, so finden wir in ihm auch bei ihrem anscheinend überstürzten Aufbruch aus Mergentheim Anfang 1796 den Rat guter Freunde, den deutschen Biedermann, der ihr seine Hand biete, glücklich zu machen und nicht immer in höheren Regionen zu wandeln. Sie hat nicht darauf gehört. In das inzwischen von den Franzosen besetzte Bonn zurückgekehrt, nahm sie dort die Werbung des um 13 Jahre älteren Grafen Anton Belderbusch an. Seit 1796/97 hat man von diesen Beziehungen gesprochen, aber es dauerte länger, bis er die kirchliche Scheidung von seiner ersten Frau, die ihn verlassen hatte, erreichte, und so ist es erst im Frühjahr 1802 zur bürgerlichen und kirchlichen Trauung des Paares gekommen. Von dem bevorstehenden Ereignis hatte wohl Wegeler Beethoven Kenntnis gegeben, und dieser Aufstieg der früheren Freundin in höhere Kreise, der es zugleich ihrer Mutter erlaubte, das Gasthaus am Markt zu verlassen, mag diesen — gerade in Erinnerung an einst — verbittert haben.

Weder Wegeler noch einer der anderen in Bonn gebliebenen Freunde von früher dürfte der abfälligen Äußerung Beethovens zugestimmt haben. Wir besitzen manche Zeugnisse für den herzlichen Anteil, den sie an dem Glück von Babettes Ehe mit dem unter der Herrschaft Napoleons zum Maire Bonns gewordenen Belderbusch nahmen. Er selbst hat seinen Geschwistern gegenüber, die anfangs an der Verbindung mit dem unadeligen Mädchen Anstoß nahmen, erklärt, daß sie ihn in Seele und Gemüt so grenzenlos glücklich mache, daß er sich nichts mehr wünsche, und aus erhaltenen Briefen Babettes spricht eine ebenso innige Liebe von ihrer Seite. Nachdem ein Sohn unmittelbar nach seiner Geburt im April 1803 wieder gestorben war, kam am 30. September 1804 eine Tochter zur Welt, für die Napoleons Gemahlin Josephine die Patenschaft übernahm, und sie erhielt am 27. Dezember 1805 einen Bruder Karl Anton. Doch dann ist nach neuer Entbindung Babette Koch-Belderbusch am 25. November 1807 zusammen mit dem Kind gestorben, tief betrauert von ihrer Familie, ihren Freunden und Freundinnen und der ganzen Stadt. Das Söhnchen ist ihr bereits im Herbst 1812 in den Tod gefolgt, so daß dem Vater nur noch die Tochter Josephine blieb, die er nach dem Vorbild der Mutter zu erziehen suchte. Selbst ist Graf Belderbusch, in preußischer Zeit zunächst Oberbürgermeister und dann Landrat des Kreises Bonn, auf Burg Heimerzheim 1820 gestorben. Josephine, die einen Freiherrn von Boeselager heiratete, ist nicht einmal so alt geworden wie ihre Mutter, und deren Schicksal hat sich schließlich auch an ihrem einzigen Kind Antonia wiederholt, das nach einjähriger Ehe mit einem Baron Loë 1847 bei einer Fehlgeburt dahingerafft wurde.

*

Noch wollen wir den Kreis von Menschen kurz umreißen, die sich in den letzten Bonner Jahren Beethovens in Geselligkeit, gemeinsamem geistigem Streben und echter Freundschaft zusammengefunden hatten. Wegeler hat an jener Stelle seiner Erinnerungen, an der er von Babette als dem Ideal eines vollkommenen Frauenzimmers spricht und sie zugleich als den anziehenden Mittelpunkt jenes Kreises herausstellt, eine Reihe von Persönlichkeiten genannt, „die das Glück hatten, ihr nahe zu stehen", nämlich jüngere Künstler wie Beethoven, die beiden Romberg, Reicha, die Zwillingsbrüder Kügelgen, geistreiche Männer von jedem Stand und Alter wie Dr. Crevelt, der spätere Staatsrat Fischenich, der Professor Thaddäus Dereser, der kurfürstliche Vorleser und nachherige Bischof Wreden, die kurfürstlichen Privatsekretäre Heckel und Floret, der kaiserliche Gesandtschaftssekretär Malchus, der spätere holländische Staatsrat von Keverberg, der Hofrat von Bourscheidt und Christoph Breuning. Manche von ihnen begegnen uns in den beiden Stammbüchern, die nun ihrerseits noch Namen und Äußerungen von anderen Menschen enthalten, die mit Sicherheit zu den Freunden Babettes und Beethovens zu rechnen sind.

Den eigentlichen Ursprung und Kern des Kreises wird man wohl in zwei Bonner Familien erblicken können, nämlich in Babettes eigenen Angehörigen und in den Breunings. „Madame Koch" muß wie ihre älteste Tochter eine außergewöhnliche Frau gewesen sein, klug, gebildet und aufgeschlossen, verehrt nicht nur von den Ihrigen, sondern auch von vielen der Menschen, die in den zwei letzten Jahrzehnten des 18. Jahrhunderts in das von ihr seit dem frühen Tode ihres Mannes bewirtschaftete Haus zum Zehrgarten als Gäste kamen. Nicht nur Babette hat zeitlebens in Liebe an ihr gehangen, auch ihr Schwiegersohn Belderbusch hat, wie Briefe an sein Töchterchen Josephine zeigen, deren Großmutter hoch geschätzt und aus Anlaß ihres Todes im Juni 1817 in rührender Weise dem Kind Trost zugesprochen. Ihr Sohn Matthias, Student an der kurfürstlichen Universität in Bonn, muß, wie wir aus seiner maßgebenden Beteiligung an dem Stammbuch Beethovens schließen können, diesem besonders nahegestanden haben, seinetwegen ist er wohl um die Jahreswende 1795/96 nach Wien gekommen, wo er anscheinend zunächst bleiben wollte. Dann kehrte er doch nach dem Westen zurück, wo er Antoinette Klein, eine Freundin Babettes, heiratete und Bibliothekar bei dem Fürsten von Isenburg in Offenbach wurde, jedoch zum großen Leid von Mutter, Schwestern und Freunden schon im September 1805 starb. Als „genievoll" hat ihn einmal einer der Brüder Breuning bezeichnet, und bei seinem Tode rühmte man seinen reinen Sinn für alles Gute, Schöne und Große und das echte Künstlertalent. Mit Babette war die jüngere Schwester Marianne einst unzertrennlich gewesen, beide Mädchen zusammen hat kein geringerer als der Kurfürst Max Franz 1790 einmal als „wirklich die wohlerzogensten aus dem Bürgerstand in Bonn" bezeichnet. 1796 hat sie einen Beamten Kirchner geheiratet, der bald in preußische Dienste trat. „Mariänchen" hat länger gelebt als ihre Geschwister, aber auch ihr war das Schicksal nicht günstig. In dem Berliner Klima hat sie sich nicht wohl gefühlt, schweren Leiden, die zur Lähmung führten, ist sie 1820 erlegen. Zur Familie gehörte weiter der Beethovenfreund Jakob Klemmer, jüngerer Bruder von Frau Koch, seit 1783 Unterbereiter im kurfürstlichen Stall, dabei Mitglied der Bonner Lesegesellschaft, in der Jugend offenbar ein besonderer Verehrer der Eleonore Breuning, in deren Nachlaß sich leidenschaftliche Verse Klemmers an sie erhalten haben. Was aus ihm, der 1794 eine Reise nach Italien antrat, seitdem geworden ist, wissen wir leider nicht. Zu den Kochs dürfen wir schließlich den „Hausgenossen" Johann Heinrich Crevelt rechnen, engen Freund der Mutter und väterlichen Betreuer der Töchter. „Der gute Doktor", praktischer Arzt und zeitweise Professor an der kurfürstlichen Akademie und später an der Bonner Zentralschule, war zugleich ein Literaturfreund und ein eifriger Sammler. Mit Beethoven ist er zeitlebens verbunden geblieben; hat ihm jener doch 1815 sein Bild „als Andenken alter Freundschaft" zugesandt. Als er 1818 in Bonn starb, hat er seinen ganzen Besitz den noch lebenden Nachkommen der im Vorjahr ihm im Tode vorangegangenen Frau Koch vererbt.

Ebenso wie das Haus der Kochs am Markt hat dem jungen Beethoven die Wohnung der Breunings am Münsterplatz stets offengestanden, seitdem ihn Wegeler dort eingeführt hatte. Auch hier führte den Haushalt eine Frau, Helene von Breuning, deren Mann 1777 beim Brand des kurfürstlichen Schlosses ums Leben gekommen war. Von ihren vier Kindern war Eleonore gleichaltrig und befreundet mit Babette Koch, der sich aber auch die jüngeren Brüder Christoph, Stephan und Lorenz (Lenz) verbunden fühlten. Begegnen wir in den Abschiedsblättern für Beethoven Lorchen und Christoph, so in dem Stammbuch Babettes Christoph und Stephan. Vielleicht hat dem Komponisten zunächst das jüngste der Geschwister, sein Schüler Lenz, am nächsten gestanden, doch ist dieser, der Ende 1794 nach Wien kam und dort mehrere Jahre in enger Gemeinschaft mit ihm lebte, in frühen Jahren gestorben. Ein Jahr nach ihm waren auch Christoph und Stephan in Wien aufgetaucht. „Stoffel" ist im Sommer 1796 an den Rhein zurückgekehrt, wo er zunächst als Mitglied der Munizipalität und Lehrer an der Zentralschule in Bonn, später als Professor an der Rechtsschule in Koblenz sich nicht geringes Ansehen erwarb, um schließlich seine berufliche Laufbahn als Geheimer Oberrevisionsrat in Berlin zu beenden. Bald nach ihm hatte sich auch Stephan von Beethoven verabschiedet, doch zu Beginn des neuen Jahrhunderts kam er wieder nach Wien, um eine Stellung bei dem kaiserlichen Hofkriegsrat anzutreten. Seitdem ist er bis zum Tode Beethovens, den er nur wenige Monate überlebte, in dessen Nähe geblieben, ein treuer Freund, der herzlichen Anteil an seinen Erfolgen und Enttäuschungen, Triumphen und Leiden nahm. Konnte er ihm bis zum Ende unmittelbar von den Menschen und Geschehnissen in der Heimat berichten, so taten dies schriftlich von dort seine Schwester Eleonore und der Mann, der sie im März 1802 geheiratet hatte, kein anderer als Wegeler. Er steht nicht in den Stammbüchern, selbstverständlich aber gehörte er zum Kreis. Wie Crevelt war er Mediziner, schon in jungen Jahren Professor, ja Rektor der kurkölnischen Universität. Wie die Brüder Breuning war er nach der Besetzung Bonns durch die Franzosen zunächst nach Wien gegangen, nach zwei Jahren aber mit Christoph an den Rhein zurückgekehrt, wo er zunächst an der Bonner Zentralschule wirkte, um 1807 mit seinem Lorchen nach Koblenz überzusiedeln. Hier ist der Geheime Medizinalrat ein Jahrzehnt nach seiner Frau als einer der letzten aus der Zehrgartengesellschaft 1848 gestorben.

Nicht nur durch ihn wissen wir von der Zugehörigkeit Bartholomäus Fischenichs und Ferdinand von Bourscheidts zu dem Kreis, die doch ebenso wie Wegeler in den Stammbüchern nicht erscheinen. Der Bonner Küstersohn Fischenich, zwei Jahre älter als Beethoven, war in noch jüngeren Jahren als Wegeler Professor an der Universität. Seit seiner Studienzeit in Jena freundschaftlich mit Schiller verbunden, hat er im Januar 1793 dem Dichter angekündigt, daß der nunmehr in Wien weilende Beethoven vorhabe, das Lied an die Freude zu vertonen: „Ich erwarte etwas Vollkommenes, denn soviel ich ihn kenne, ist er ganz für das Große und Erhabene". Der tüchtige Jurist, der später Geheimer Oberjustizrat im Berliner Justizministerium wurde, gehörte zum engsten Freundeskreis der Belderbuschs, bei deren Trauung er neben Crevelt und Bourscheidt als Zeuge wirkte. Bourscheidt, einst Bonner Page und Student, dann Maire von Burgbrohl, ist in der Öffentlichkeit wohl weniger hervorgetreten, aber er war „ein Mann der feinsten Bildung", der nicht weniger als Fischenich Babette und ihrem Mann ergeben war. Wie er, so war Karl Wilhelm von Keverberg Edelknabe und Student in Bonn gewesen, er, den ja auch Wegeler nennt, hat sich 1791 in Babettes Stammbuch zur Freundschaft mit ihr bekannt. Er hat sich in der napoleonischen Zeit als Unterpräfekt von Kleve und Präfekt in Osnabrück bewährt, um dann in den Niederlanden Gouverneur von Antwerpen, Universitätskurator von Gent und Staatsrat im Haag zu werden. Zu ebenso hohen Posten gelangte der aus der Pfalz stammende Carl August Malchus, den seine Eintragungen sowohl als Herzensfreund Beethovens wie als glühenden Bewunderer Babettes ausweisen. Aus der österreichischen Diplomatie gelangte er in die preußische Verwaltung, nach 1807 stieg er im Königreich Westfalen zum mit einem Grafentitel ausgezeichneten Finanzminister auf, und wenn nach der Auflösung dieser napoleonischen Gründung sein Versuch, im Auftrag des Königs von Württemberg dessen Staat zu modernisieren, vorzeitig abgebrochen wurde, so stellte er dann seine Fähigkeiten durch

Werke über Staat, Verwaltung und Finanzen erneut unter Beweis. Es gab noch andere Verehrer Beethovens und der Babette, die sich damals in der Diplomatie versuchten, so der junge Heinrich Struve, der später Jahrzehnte hindurch Rußland bei den Hansestädten vertrat und als Ehrenbürger Hamburgs starb, und sein Schwager, der englische Legationssekretär Ludwig Dörfeld. Durch Malchus ist wohl der gleichfalls zum Gefolge des kaiserlichen Gesandten Graf Westphalen gehörende Jakob Richter dem Kreis im Zehrgarten zugeführt worden, vordem Lehrer in Koblenz, später Kanonikus in Hildesheim. Daß sie, die nur sporadisch in Bonn waren, in Wegelers Liste nicht erscheinen, ist verständlich, dagegen wundert man sich, daß in ihr auch Johann Joseph Eichhoff fehlt, dessen maßgebende Beteiligung an dem Kreis seine Eintragungen in beiden Stammbüchern deutlich machen. Der ehemalige kurfürstliche Koch gehörte zu den Trägern der aufgeklärten literarischen und politischen Strömungen in Bonn, bereitwillig hat er sich nach dem Einrücken der Franzosen ihnen zur Verfügung gestellt, die ihm schließlich die Generaldirektion des Rheinzollwesens übertrugen. Als man ihn 1814/15 als Sachverständigen zum Wiener Kongreß holte, konnte er die alte Freundschaft mit Beethoven erneuern. Mit ihm verbunden waren zwei jüngere aus Bonn stammende Juristen, Martin Degenhart und Peter Joseph Eilender, von denen der eine, dem als seinem Freund Beethoven eine seiner Jugendkompositionen widmete und der drei Monate später mit Matthias Koch wohl Initiator der Abschiedsfeier für Beethoven war, schon um die Jahrhundertwende starb, während der andere zu einem der angesehensten Notare und Kommunalpolitiker Bonns wurde. Statt ihrer nennt ja nun Wegeler Persönlichkeiten aus der nächsten Umgebung des Kurfürsten, die Geheimen Referendare Franz Leopold von Heckel, Karl Joseph Wreden, der gegen Ende seines Lebens zum Bischof von Mainz designiert, aber wohl auf Grund seiner aufgeklärten Haltung vom Papst nicht bestätigt wurde, und den späteren österreichischen Diplomaten Engelbert Floret; weitere Belege für ihre Beziehungen zu den Kochs finden sich freilich nur für Heckel, der jedoch schon bald nach 1790 Bonn verlassen hat. Sie fehlen uns leider auch für Beethovens Kollegen aus der Hofkapelle, die beiden aus Westfalen stammenden Vettern Andreas und Bernhard Romberg, die als Virtuosen auf Violine und Cello, Andreas auch als Komponist, zu hohem Ansehen gelangen sollten, und den aus Prag gekommenen jungen Anton Reicha, der Professor an der Pariser Musikschule wurde. Dagegen wird die herzliche Zuneigung der Zwillingsbrüder Karl Ferdinand und Gerhard Kügelgen zu Babette und den Menschen um sie sowohl durch ihre Huldigung in dem Stammbuch des Mädchens als auch durch Briefe aus späterer Zeit bestätigt. Beide wurden hervorragende Maler, und ein Erzeugnis Gerhards, sein und seines Bruders Doppelporträt, hat er ein Vierteljahrhundert nach den Bonner Jugendtagen an Crevelt gesandt, nach dessen Tode es an die Bonner Lesegesellschaft gelangen sollte. Der Kreis umspannte noch andere Jünglinge, und auch das weibliche Geschlecht war nicht nur durch die Kochs vertreten, finden wir doch in Babettes Stammbuch ein Fräulein von Leerodt, zwei Töchter aus dem wohlhabenden Bonner Handelshaus der Bona und zwei Töchter des um das kurkölnische Bildungswesen verdienten Kammersekretärs Franz Lapostolle, der sich übrigens auch eingetragen hat. Bei dem ersten Kind der jüngeren hat die Gräfin Belderbusch später die Patenstelle übernommen.

Es war, so wird man sagen können, eine geistige Elite, die sich hier zusammengefunden hatte, das zeigen auch Form und Inhalt von Poesie und Prosa, womit sie ihre Gefühle in den beiden Stammbüchern zum Ausdruck brachten. Durchweg sind sie tief überzeugt von der Notwendigkeit der Aufklärungs- und Bildungsbestrebungen der Zeit, aber wenn rhetorische Deklamationen nicht fehlen, so führt jugendlicher Enthusiasmus doch die meisten darüber hinaus. Weit mehr als von den Rationalisten lassen sie sich von den Bardengesängen anregen, die Macpherson als angebliche Schöpfungen des sagenhaften Ossian veröffentlicht hatte, sie kennen und zitieren

Klopstock, Claudius und Herder, und den Abschiedsgrüßen an Beethoven legen Mutter Koch und ihr Sohn Matthias Stellen aus Schillers Don Carlos zugrunde. Vor allem bekennen sie sich zur Idee der Humanität, in der Freundschaft, dieser wohltätigen Fackel, diesem wahren Schutzengel auf dem Pfade des Lebens, und auch in der Liebe, der manche von Babettes Verehrern ungescheut Ausdruck geben, sehen sie wichtige Grundlagen, um das große Ziel der Tugend und der Veredelung der menschlichen Natur zu erreichen. So verschieden die Wege waren, die sie später gingen, bei nicht wenigen können wir feststellen, daß sie zeit ihres Lebens an den Idealen, die sie in ihrer Jugend verkündet hatten, festhielten und sie politisch, geistig und künstlerisch zu verwirklichen suchten. Das gilt auch für die beiden Hauptfiguren, die uns hier beschäftigten, für Beethoven, der seine Werke zu einem Hohelied der Menschlichkeit werden ließ, und für Babette Koch-Belderbusch, von der in einem der zu ihrem frühen Tode erschienenen Klagelieder gesagt wurde, daß bei ihr, einem Muster der Tugend, immer das Gute zur Frucht gedieh und das Schöne in jeglicher Farbe des Prisma erschien und ihr jede Muse hold war.

Beethovens Stammbuch

meine Freunde

Ludwig Beethoven.

3

— — was alles was er kann

... hält, und ... dein Gesetz ihn bindet,

Der Güte großes Gesetz in seinem Herzen nicht findet

Und ... der Herr der ... — nur ist er ein ...

am 24. 8ber 1792.

Der Himmel ... ...
... mit ... ...
in ... Herzen — und ... der ...
... es ... — ... dem
Hand ... ..., und so zum ...
... ...

5

Gehört die süße Harmonie, die in
dem Saitenspiele schlummert, keinem Käufer,
der es mit Träumen oft beweist! Er hat
das Recht erkauft in Trümmern es zu schlagen,
doch nicht die Kunst, dem Silberton zu rufen
und in des Liedes Wonne zu zerschmelzen.

Bonn den 1ten 9ber 1792

Ihre wahre Freundin
Wilhl. Koch

am Abend unseres
Abschiedes

Ach! der Sterblichen Freuden, sie gleichen der Blüthen des Lenzes,
Die ein spielender West pflückt in den Wiesenbach weht,
Eilig wallen sie, [...] auch [...] Wellen, hinunter,
Gleich der [...] Fluth kehren sie nimmer zurück!

Bonn den 24ten Oktober
1792

Ihre Freundin Marianne Boß

9

Prüfen und wählen.

Bonn den 24ten im 8ber
1792.

Dein ewig treuer
Diener.

Ist ein großer Gedanke

Ist das Schweißend der Seelen werth! —

Bonn den 24ten im Wober

1792.

Dein Freund Koch

Freuden Alters und der Güter Behalten.

So wandern hin die heitern Jahre!
Und Gottes Seegen geht die ... !
Genieß der ... Allerbesten,
Die das Geschick in holden Händen,
Auch deinem Alter ... bringt. —
Nur nie zu viel, noch auch niemahl!
Auch laß der letzten Trophe
nicht zur Galle werden:
So trink in kleinen Zügen nur
Und ... bey dem Genuß,
Daß die Natur uns dem
Den ... immer füllt,

Der mächtig stürzt und ... sich
Die ... Gaben ... lässt.
Dann lass dir ... mitteilen, dass ...
Des Guten ... halten ist, und das
Von allem halten, das Allerhaltenste —
Die wahre Freundschaft ist.
... ... du ...;
Dann ... ist zu trinken ... Gift.
Auch ... die Lehren heilig dir,
„Dass einer nur von Millionen Menschen
„Die Vorsicht dir zum Freund ...;

Nun ziehe hin! Sey bieder, stät
Und gut und wacker! —
Denn fällst Du mich ?... und brächt auch alles ...
Und ihnen ... ...,
Mit ... ..., ... lieben
... deiner Rückkehr ... sehn!

... am 25ten
bre 1792

Meinem lieben Lotthoven zur
glücklichen Reise, von seinem ihn
liebenden ... Joh: Jos: Liebhoff

Lieber Beethowen!

Sie reisen itzt nach Wien zur Erfüllung ihrer so lange bestrittenen Wünsche. Mozart's Genius trauert noch und beweinet den Tod seines Zöglinges. Bey dem unerschöpflichem Haydn fand er Zuflucht, aber keine Beschäftigung; durch ihn wünscht er noch einmal mit jemanden vereinigt zu werden. Durch ununterbrochenen Fleiß erhalten Sie: Mozart's Geist aus Haydens Händen.

den 29ᵗᵉⁿ Oct. 792.

Ihr wahrer Freund Waldstein

19

Es bedarf nicht der Inschrift;

Daß wir, einer das andern, in Liebe gedenken:

Freundschaft giebt mit Sicherheit

Dich mir lieb, unauslöschlich in's Herz; und wie werd' ich dich kränken,

Dächt' ich anders von deinem gleichfühlenden Herze?

Ja, Stolz denk' ich mit Inbrunst

An dich Jüngster! bald, wie du die Liebe, den Zorn und die feineren Scherze

Mächtger Meister der Tonkunst!

Leidenschaften nach Willkühr

Und mit Macht der Seele entlockst, daß Freunde

Selbst dich schätzen; ich denk' mir

Bald, wie du dem berauschenden Beifall im treulichen Kreise der Freunde

Entschreitest. — Bringst du ein Sträußchen dem nahen und heiligen Tage;

Dem Herrn dank' ich mich mit dir

Am Arm wandelnd zum Flügel, der bisher den stillen barge

Umbangst dem Freund. Hier

Tanz' ich mit dir, bis ... fort
Und erhörend im lichten Gewande hernieder sich schwinget.
          Er kommt herabend daher, stört
Das Todblümchen Duft, das Fingelblühel ein Echo der Trauer ihr bringet. —
          Sieh' es richtet sich auf. Das Chor, wie was bisher getrauret,
          Lebt. Es ... Herabschwingung
... des Leib, so wie lieblicher Lüftchen, ... Athem, durchschauret.
          ... wird die Unterredung
... Nein ist die Frage, die du stehest mit Jagrastangeleuchter.
... antworte mit Seufzer, und Du mit dem schmelzendsten ... Lautengelichter.

Bonn den 30.t 8ber 1792.

                                        ...

Bestimmung des Menschen.

Wahrheit erkennen, Schönheit lieben,
Gutes wollen, das Beste thun.

Bonn den 30ten October
1792.

Denk, auch sagen, zuweilen deines
wahren aufrichtigen Freundes des
Hauses. ... zu dich ...
in ...

Symbol Nach der Blüthe der Jugend reifen im reiferen Alter
die Früchte der Weisheit ein.

23

– – – Freundschaft, mit dem guten,
Wächst wie der Abendschatten
Bis des Lebens Sonne sinkt. –
Beethoven

Bonn den 1 November
1792.

Ihre wahre Freundinn Eleonore Breuning,

27

Freunde, die Zufriedenheit, die nur, machen

uns Glückliche.

Dein Freund F. J. Eilender

zu Bonn den 1ten 9ber 1792.

Freund wenn einst bey stiller Mitternacht

sich von Uns, des Tonkunst Zaubermacht

Dich in sanfte Schwärmerey senkt,

Hergezaubert dein Wesen ganz durchdrungen,

Mozart's Genius Dich überschwebt

und dir lächelnd seinen Beyfall schenkt.

Dann der Einbildung schön gewählter Ton

Denn dein Herz verrückt — o ließ doch schön

Einst so gut gestimmtes Freundschaft sich noch freun,

Durch dir Frohen, güten — Kömmst du nicht zurück,

schwach gehn wir entgegen diesem Augenblick;

Die wollen wir uns Herz an Herz dann wird es freun

Bonn d 1ten Oct 1792.

J. Crevelt
Regt.

ich deutschen und Freund

sorgen hin ihm, daß er für die Zukunft seiner
Vollziehung sorgen, wenn er Mann sein Herz
nicht öffnen soll dem verdienten ... wird
... bester Blume nicht das Herz
der zarten Götterblume — daß er nicht
soll ihr werden, wenn das Sterben ...
Begeisterung, die Himmels Tochter bestärkt

Dein Freund Klemmer

den 7ten decembre
1792

Stammbuch der Babette Koch

40

Trollt euch hübsch hurtig und munter
zum Brummbäß Erbkttant herunter
ihr meine Phantasien, ihr Kinder
meiner Rosenstunden! Geschwinder geschwinder
als je reiht euch in Reihen zusammen, und Du
sein Harlequin, mein Witz, durchzwickle mein Gedicht,
n? spar mir ja den Tadelspruch nicht!
Denn Phöbus Apollo deinen Bogen zieht!

Doch weh mir armen Tropf!
es war ein Geist mit voller Hand
in einen Leeren Topf.
Sieh du! zum Glücke fand
am Boden sich ein schlechter Pfenning; die Bruyn
heißt Freundschaft. Verschmäh ihn nicht, wenn ich ihn sein
Freundinn! zum Opfer dir
auf diesen Altar lege.

S. Langsdolla

41

Um das treuen Gatten Güte
Strahlt dich Himmelswonne an,
Freuden sind itzt Dein Gebiete
Rosen blühn auf Deiner Bahn.
Pflücke sie zu schönen Kränzen;
Doch zertritt das Blümchen nicht
Deßen Farben minder glänzen,
Das man nennt, Vergiß mein nicht

Köln am 14ten Juli 1802

Liebe Zeilen erinnern Dich Güte
auch in der Entfernung an deine
Dich und ganze Seele liebenden
Freundinn C. Augustella

Nicht schön und edel sein und gut,
ist mehr, als Geld und Ehr
Der hat nun immer guten Muth
und Freude um sich her
und wer ist brav und mit sich eins,
scheut keinen geschöpf und fürchtet keins

Claudius

von ihrer Freundinn
Lapostolle

45

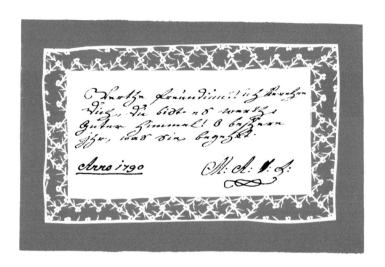

Siehst Du mich von Deiner Freundin drücken,
Und o Freundin such du mich zurück,
Siehst Du ihnen stunden schneller
freuten wir mir einen Augenblick.

Rheinberg 11ᵗᵉ novembre,
1790.

Von ihrer Freundin und Franviin.
Marianne goebel.

Erobern gabt ja jedes Land,

Euch Dichter gabt Ihr zu besingen,

Doch Dir, O! Meisterstück der Natur zu bringen,

Der komt aus der Vaterland.

Bonn am 12ten Xbre 1790

Der Hochachtungsvollsten mit inniger
Freundschaft
Von

Eichhoff

Das nächste schön, ist das geheure der Seele,

Wann sie zu den Quelle der Schönheit aufgen blickt;

Wo Tugend nicht wohnt,

Ist die Schönheit nur Farb, und Schmuck, der nur ... Dahin ...

Tugend ist Schönheit.

Rheinberg d 17 18/11 90

Von ihrer aufrichtigen Freundin und
Dienerin Lise Goebel

Der, was mir Dein Freund gewesen,
Kennt die Engel Wonne nicht
Die uns wahre Freundschaft giebt
Möchtest Du uns hernachsein
Mich als Deinen Freund betrachten
O! so würden Engel selbst
Kaum so selig seyn als ich

Bonn d. 12ᵗᵉ May
790

Ihr aufrichtiger Freund

Ferdinand Honbal.
aus Kreuzberg

je ne crains pas la mort
Car telle est mon sort
Mais je crains de mourir
Dans votre Souvenir

De votre Sincere amie
Marianne De Leerodt

Wenn nehmen die Freundschaft himmel und der Gesellschaft
der Menschen, und sie ist welchen die wohlthätigen Seele
die uns leuchtet auch die Schilbart unseren Wagen
Welche Erinnerung Freundschaft zu nähren !

Erinnern sie sich herzlig, lieber, zuweilen an ihren guten
Freund, der hier von hier wenig von dem Umgange
mit Freunden gefunden wird, dass er dann sich sich freuen
kann seiner Freundschaften im lieben Deutschland.

Welche Wonne sich immer zu nennen
ihren Freund J. B. F. Aigalgen

en J 15ten April 1791

— es häuft Verführerisch

die Trennung Wunden aller Zärtlichkeit,

und auch ich kommt ein ungewohnter Schmerz

auch den getrennten. — : —

...ned, 24ten 8ber 1793

Christoph Lenning.

Da ich Gefühl mit andern theilt,

hier nimmt ein jeder mild und freundschaftlich,

den andern schließt sich sorgsam jedes Herz —

...genheim d 6 [illegible] 1795/ 12

EL

Von Rosen sind die bande der liebe,
Das band der Freundschaft von Gold
Die Rosen Anblicke sterbichen vergehen,
Das band der Liebe zerrinnen.
Das band der Freundschaft die bande von Gold
Sind starcker als treulich auch doch nicht.
Sie trennet nur, starcke Gewalt
Blüt Wehr nur, starcke gewalt.

Berennen, den Hülfenberg
Jhrd treuer Freundes
gerhard Kü-gelgen

65

Nicht der unedle Bund selbstsüchtiger Verlangen, auch nicht täglicher vertraulicher Umgang, den gesellschaftlicher Trieb u: Bedürfniß erzeugte — nicht einmal die Süße Freuden u: die nicht minder Süße Thränen der Eingeschiedenen Hüten Anspruch machen auf die erhabene Benennung: Freundschaft.

Freundschaft im ächten — höhern Sinne der Worte ist das gemeinschaftliche Streben besserer Menschen zum großen Ziele: Tugend u: Veredlung der menschlichen Natur.

Wer kennet besser — auch in der Ausübung, diese Wahrheit, als Euch? Ihr ähnlicher, Ihrer Freundschaft würdiger zu werden, ist unter meinen Wünschen der lebhafteste, soll der wirksamste auf meinen Willen werden!

Cöln den 9ten April 1791   Carl Wilhelm v? Leterborg.

68

Freundschaft ist ein wahrer Schutzengel auf dem Pfade des Lebens: sie ist eine Schwester der Wahrheit. Wohl dem, der diesen Schutzengel nimmer vermißt. — Wem es gegeben ist, sie zu vernehmen, der verachtet sie auch.

Die Freundschaft ist eine unzertrennliche Schwester der Wahrheit: beiden wird sie auch, wie jene, bekannt. Nur wenigen Weisen wird sie. Aber diese wenigen erhalten sich mit ihr den Vorzug der Wahrheit, aller Lästerungen und Verfolgungen ungeachtet unveränderlich, Freunde, zu bleiben.

[Unterschrift]

den 10. ... 1795

Amitié ! doux azile des Coeurs
C'est à toi que je^me sacrifie
Si l'amour nous donne la Vie,
C'est toi qui en fais les douceurs

Embs ce 27. d'Aout
1793.

que ces lignes aimable Demoiselle
Babette Vous rappellent quelquefois
celui, auquel Vous avés permis de
se nommer, & qui est bien sincerement
Votre Ami & Serviteur

G. d. During
Hannoverien

71

72

Durch des innigste band Vereiniget die mütter des
edlen Schönsten Herrn, des sich ihrem gott ...
freundschaft und liebe, "zeige ingenteramlich," spruch
sie ihnen, "und ihr ersieht den schönsten ... des
... , mochten zu beglücken." die schönsten ...
sich den beglückenden ... und ängsten
... ... am ... der ...
der Tugend.

Bonn d 4ten Feb
1794

Ihre aufrichtige Freundin
... Bona

...überstanden euch das unerbittliche Schicksal alle bleije auch euch herab, — unausgesetzt faßt ich kein Donner in meinem Haus. — Und seit ich edler die geschmackvollste fühle im sehenden Herzen, denn, denn sind ich Liebling ein Arm der Freundschaft. —— —

mny 6¹ Februar 794.

Oder Sie mir Sahl bleiben, oder Sie bauen mir freundschaftlichste Freundin

C. A. Werlitz

75

Freundschaft, edler Glücksgaben
Die die Wanderschaft zum Grabe
Zum Bessern glücklich macht:
Freundlich von dir angelacht,
Süßes, selbst den Greis am Stabe
Zum schön Leben angefacht!

Der Gedanke
an ...

Ems den 22ten August
1793.

Das Versprechen Sie meine Theure, zur Freundin bekommen zu haben wird mir gewiß immer eine heilige Herzensfreude seyn; kurz ist die Zeit unserer Bekanntschaft, aber sie mir schön und wichtig! Ich lernte Ihr edles Herz so kennen, daß mir die Versicherung Ihrer Freundschaft ein Schatz ist dessen Werth ich ganz fühle. Nehmen Sie auch hier noch die Versicherung meiner Hochachtung und den herzlichen Händedruck der Freundschaft, beides wird immer Probe halten!! Leben Sie recht glücklich meine Freundin, und werden Sie die Gattin eines Mannes der Ihrer ganz werth ist und so dachte wie Sie! Sehen werde ich wohl Sie mein Freundin nicht sobald wieder zu sehen, Ihnen auch gut bald die Hand zu drücken und zu sagen, hier ist Ihr
Freund Georg Tempelhoff,
H. H. A. L. aus Berlin

Lebe wohl leb in der heitern Zeiten
fern von Dir und bittern Leiden mich
doch zum Trost ich lenge noch zurück
in der Schütz des Höchsten dich bedeckt
Denn laß mich für meinem Kinde nachsehen
daß in Dir für mich noch ferne Schatten stehet

Ems d 30ten Aug: 1793

die mit möglichst sich zum beständigen
Andenken ihrer aufrichtigen Freundin
Sophie von Holzbrink
geboren von Rudberg

79

Und jeder Tristel brennt und wieder
Geliebte Freundin — vielleicht zum letzenmahl
drückt ich, den Freundschafts Kuß auf deine Lippen nieder
doch unser Bund bestehet überall

Lebe wohl gutes Mädchen u. Vergiß nicht
deine dich herzlich liebende Pölzer

Morgenheim am 29 ten Okto ber
1795

Glücklich — und glücklich sind Menschen, die mild Thränen
gewinnen, und ihre Herzen, ihr Glück und Wohl in
ein Loos geflößen. Nur Harmonie knüpft ihrer
Freunde, und und sie stimmet alle Leidenschaften in
sanfte Liebe. Nur zeigt Freundschaft ihre süße Gewalt, und und sie fühlet die Seligkeit dieser Edlen

Einer Ihrer rechter
Freund nennt sich
Frid. Diel.
am d. 30t Aug.
1793.

83

— Lest th' aspiring youth beware of love
Of the smooth glance beware; for 'tis too late,
When of his heart the torrent-softness pours.
Then Wisdom prostrate lies, and fading fame
Dissolves in air away.   Thomson.

Minerv', Apoll und alle Musen
vereinten sich, um in dem Busen
Babettens, ihren Siz zu wählen,
Wie kont' im Meisterstück hier fehlen?

...nes am 27 August
1793.

Hätte ich den Zauber-Pinsel eines Voß,
so würde ich die wertheste Freundin
derselben haben schildern können, sollten
Sie indeßen nur Stümpeleien dieser Skizze
zu gut, u. erinnern Sich dabei eines
Freundes, der stolz ist Sich so nennen
zu dürfen, u. die Stunde segnet, in
welcher er Ihre werthe Bekanntschaft
machte;

J: P: F: Lausberg
von Brüssel
ein geborner Elberfelder

87

Mit der Freundschaft holder Bande,
beglückter ohne Schmerz. —

...schmidt den 30ten Aug
1793

Erinnern Sie Sich auch in
der nachahmung an diejenige
die Sich schmeichelt Ihre
Freundin zu sein

Wilhelmine Birkenstock
geb. Böder

89

Wo unsern sorgfältig Jahren lang
nach Freunden wählen: der verbindet
gleich gewohnten Seelen den rechten Augenblick!

Leipzig d. 30t Augst
1793.

Diese Zeilen mögen d...
an den anzunehmen...
enthalt zu Lpz und...
ein Freundin nennen.
R. R. Heller

Nimm, holde Freundin, ein Geständniß sonder Scherz,
Daß ich dich ungetheilt und innigst liebe.
Dein unschuldvoller Blick, dein sanftes, gutes Herz,
Rechtfertigt, adelt, heiligt meine Triebe.
Zwar nennt das Vorurtheil der Thoren Sünde,
Was ich vor Gott und Weisen rühmlich finde.
Doch dort in einem freien Land,
Als kraftlos sind der schlaffen Lande,
Dort, o Babeth, dürfte ich
Mein einzig Liebchen nennen dich.

O divine amitié félicité parfaite
Seul mouvement de l'âme où l'excès soit permis
Compagne de mes pas dans toutes mes demeures
Dans toutes les saisons & dans toutes les heures
Sans toi tout homme est seul : et peut par ton appui
Multiplier son être ; et vivre dans autrui

vu le 30 d'octobre 1792.

ce tout le monde me haisse me deteste
urvu que votre amitié me reste.

Souvenir de l'amitié la
plus sincere de votre
ami
Charles August Malohny

94

Weg gehe müßich, und weinne! Vielleicht, daß die lindernden
Meine betraübniß übertrennt.
lindernde Thränen, auch gab die Natur dem Menschen cluud
Wohirt als Gefallinnen zu.
Wärnt ihr nicht, und könnten ihr leiden die Menschen nicht weinen,
Ach! wie ertrügen sie's da!
Weg gehe müßich, und weinne! Mein schwermüthsvoller gedente
Erbt noch gewaltig in mir.

Klopstock.

Bonn t 19ten April 1790.

Chercher à vous Satisfaire
C'est le plus doux des plaisirs,
Et vous aimer; à vous plaire,
Je borne tous mes désirs,
Et pour exciter mon Zèle
A mériter vos bontés,
J'ai le plus parfait modele,
C'est vous qui le présentez.
A ma chere Babet
de la part de votre Amie C: de
Mirman.

heinberg le 17 Novembre
1790.

Que les tourmens de L'Absence
Sont donc affreux pour un Cœur!
quand L'Amittié et la Constance
font ensemble son bonheur
Ah! comment peindre la peine
qui troubleroit mes beaux jours.
Si loin de toi, chere Amie,
je devois vivre toujours.

Rheinberg le 17. Novembre
1790.

à Mlle Babet
de la part de votre
Amie L: De Mirman

99

Hier in diese Wüstneueien
Sind wir ewig nicht gebaut.
Keiner Haar mag uns erinnern;
Denn wir sind in Gottes Hand.
Was auch diese Erde durum Aum
Von der Unschuld Thränen fällt,
Wird gesamlet, zu belohnen
Die Gefühle jener Welt;

Mit vielen Vergnügen schreib ich dies Zeilen, denn sie erinnern Dir zuweilen
an Ihren wahren Freund J. L. Facius

Die Erinnerung an die frohe glückliche Augenblicke, die ich Lieben
Freundin! in deiner Gesellschaft gewesen haben; wird auch in der
Ferne, mir noch ein zugnügten Freuden gewähren:
Nimm hier meinen wärmsten Dank, für deine Freundschaft und
Güte, womit du mich in der kurzen Zeit, unser Bekanntschaft
beglückt hast. — Die versichert meine innigeliebte Freundin! daß ich
alles thun werde — mich deiner Güte gegen mich, werth zu machen.
Lebe wohl! denk zuweilen an deine

Bonn d 13ten 7bre
1794. —

Dich aufrichtiger Freundin
Nathan Klein

104

La supreme jouissance est dans le
Contentement de soi. (même) c'est pour meriter et
obtenir cette jouissance que nous somes, placés
sur la Terre, et doués de la Liberté; que nous
somes tentés par les Passions, et retenus
par la Conscience —

            Souvenir de votre vrai ami

Mergentheim   Etienne Breuning.
le 6 decemb. 1795.

106

Für den Menschen ist nichts wohlthätiger, als die erhabne und rührende Idee eines Gottes, wie wir sie aus der Betrachtung seiner Werke schöpfen — und die aus dieser Idee fliessende Gefühle von Unsterblichkeit und Freundschaft; denn durch beyde erhält der menschliche Geist einen Schwung, dessen er sonst nicht fähig seyn würde; und vermittelst ihrer erholt er sich auf eine Höhe, auf welcher er, gerne und zufrieden, so lange verweilt, biß ihn der, der ihn in dieses Anfangs-Leben einführte, in eine andere Region seiner Schöpfung abruft.

Mergentheim
am 2" November
1795.

Mit dem herzlichsten Vergnügen möchte ich es Ihnen, gutes Bärbgen, recht oft beweisen, wie werth Sie mir sind, und wie sehr ich Zeit-Lebens bin Ihr

wahrer Freund
J. L. Dünfeld.

108

Du bist gut und edel, bist schon so vielen Hunderten deiner Schwestern von der Natur mit geistigen und körperlichen Schönheiten ausgezeichnet: Aber all' diese auszeichnenden Vorzüge sind doch nur irdisch! ———! denn o liebes Mädchen! wandle nicht immer in hohen Regionen, neige dich hernieder zu dem Trostort, auch denn du geschehen bist! Aber werde auch von deinem — die theilnicht selbst gebildeten Ideal, und weichen den deutschen Bindnerinnen, der hier seinen Freund liebet, mit der deinigen glücklich, wenn sie auch jenem Ideal nicht ganz gleichen sollte. und deiner Mädchen soll werden morgen !!! Leb wohl gute Verbot, und dich deinem nicht hier herzlich Deinen deiner treuen redlichen Verehrer und Freundin Veit.

Dringend bitte ich Dich, liebes gutes Bübchen!
laße Dir Häufige und ... innere...
... erlaße Die in ... zu ...
... ... nicht ... , daß Du mit
... zugleich auch Deiner ... zurückgelegter
... auch Deiner ... zu ...
... ; sondern ... Dich als zu
... mit ... Deine Dich
von ganzem Herzen liebende Deine
... .

8ten Januar
1796

*Dich stets zu lieben ist mir Pflicht —
ich bitte dich, vergiß mein nicht.*

Wien d. 13 7bre
1794 —

Lebe recht wohl . —

Die Lesung dieser Zeilen, denk
immer mal an deine dich innigliebende
Freundin Nettchen Blem —

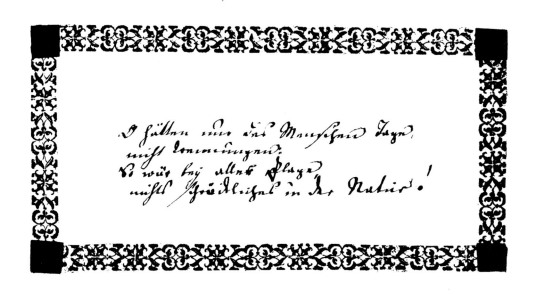

123

125

Der Mensch, noch roher wilder Kind
Erkannte weder Recht noch Bund;
Man mordete, betrog und raubte,
Da wie's die stärkre Kraft verübte. —
  Allein nach tausend tausenden Ahnen
Kind Sicherheit, Treu und Menschlichkeit
Mit allen schönsten Trieben der Geselligkeit
In aller Menschen Herzen thronen;
In diesem allgemeinen Licht
Kind selbst der Jugend Glanz verschwinden,
Da wie beim hellen Sonnenschein wir nicht
die kleinste Spur der Sterne finden.
                                    Pütz

Nicht Kräfte, nicht Neid wird Menschen unrecht handeln,
Kein edler Thon wird sich noch edler handeln,
In einer wahrhaft goldnen Zeit
Noch von dem bloßen Traume schon unser Herz erfreut,
Er wünscht doch ein bessern Menschen Stunden,
Die Edle Freude, über andre zu erheben.

<u>What ever is, is Right.</u>

Morgenheim den
30ten Dbr. 795.

Volzweyschria

Keins von ist nicht dem Schicksall ganz überlassen, denn in der Noth
ein Freund zum Trost erscheint, auch war ... in Lüngen oder
Leiden, immer ist Freundes Anblick tröstlich.

Wenn ich nun wünschen und ... in der ...
der Freundschaft Trost suchen, mein ... bei der Güte ..., die
die Güte und Freundschaft mir immer erzeigte; denn ist mein ...
... daß diese Zeilen bei ihnen mein Andenken erhalten,
und ... ihre Freundschaft schenken möchten

Münster den 8ten 10ber   ihrem Freunde Jos. Neesen
               1796

Alphabetisches Verzeichnis der
in den beiden Stammbüchern begegnenden Personen

mit Angaben und Daten über ihr Leben und
über ihre Beziehungen zu Beethoven

Vorbemerkung

Die beiden Stammbücher habe ich zunächst zur Grundlage von Forschungen gemacht und ausgewertet für mein Buch von 1948: „Eine Jugendfreundin Beethovens, Babette Koch-Belderbusch und ihr Kreis". Seitdem sind mir zahlreiche neue Quellen bekannt und zugänglich geworden, über die ich in einem Aufsatz in den Bonner Geschichtsblättern 23, 1969, berichtet habe: „Von den Menschen und dem Leben in Bonn zur Zeit des jungen Beethoven und der Babette Koch-Belderbusch, Neue Forschungsergebnisse". Auf diese beiden Veröffentlichungen sei verwiesen. Sie enthalten zugleich Quellen- und Literaturnachweise für die folgende Zusammenstellung. Für Nachweise von in den Eintragungen verwandten Zitaten bin ich zu großem Dank verpflichtet Herrn Prof. Dr. Walter F. Schirmer, Herrn Dr. Norbert Oellers und Herrn Dr. Paul Schmidt.

Abkürzungen: B = Stammbuch Beethovens, K = Stammbuch Babette Kochs, Silh = Silhouette, ⁓ getauft, † gestorben, ⊚ verheiratet.
Nicht berücksichtigt wurden die Eintragungen ohne oder mit unvollständigen Unterschriften, deren Verfasser nicht identifiziert werden konnten. Es handelt sich um 5, sämtlich in K, und zwar
S. 39 Widmung mit Datum 1. Jenner 1789
S. 47 Unterschrift M. A. V. S. (?) Anno 1790
S. 91 Unterschrift Th (?) mit Silh eines Mannes: ein keckes Liebesgedicht
S. 95 Zitat aus Klopstock, An Ebert, V, 5—12, entstanden 1748, Erstdruck 1749. Datiert Bonn, 19. April 1790, ohne Unterschrift, mit Silh.
S. 118/119 Vers mit Silh.

BIRKENSTOCK, geb. Röder, Wilhelmine: K S. 89 mit Silh, Ems 30. VIII 1793. Offenbar Badegast in Ems.

BONA E = Elisabeth, K S. 72/73 mit Silh, Bonn 4. II. 1794. ∾ Bonn 28. VIII. 1769, † Mergentheim 24. XII. 1845. Jüngere Tochter des kurfürstlichen Kommerzienrats Tobias B. (1744—1798) und der Anna Catharina Eigelmeyer. ⊛ Königswinter 22. V. 1794 Dr. med Justinus Röser aus Mergentheim (1766—1836), kurfürstlicher Chirurg, 1792 Mitglied der Bonner Lesegesellschaft, später Oberamtsarzt in Mergentheim. Von ihren 8 Kindern wurden 2 Ärzte, davon einer Leibarzt König Ottos von Griechenland, einer Baumeister.

BONA, T = Katharina (Tringen), K S. 111 mit Silh, (Mergentheim) 8. I. 1796. ∾ Bonn 15. IX. 1768, † Königswinter 29. IX. 1828. Ältere Schwester von Elisabeth Bona. ⊛ Mergentheim 28. III. 1796 Joseph Veit (siehe unten). Ab 1805 in Königswinter. 2 Söhne und 1 Tochter Eva, die ihren Vetter Jakob Röser heiratete.

BREUNING, Christoph von, B S. 27, Bonn 1. XI. 1792, K S. 61 mit Silh, Bonn 29. X. 1793, Mergentheim 6. XII. 1795. ∾ Bonn 13. V. 1773, † Beul a. d. Ahr 24. X. 1841. Ältester Sohn des kurfürstlichen Hofrats Joseph Emanuel von Breuning (1740—1777) und der Helene Kerich (1750—1838). 1782—1787 am Gymnasium in Bonn. Immatrikulation Universität Bonn 13. XII. 1787, Studium Philosophie und Jura bis 1793, ab Ende 1793 Rechtsstudium Jena, 30. IV. 1795 Immatrikulation Göttingen. Von dort Ende 1795 über Mergentheim nach Wien, um bei den Reichsbehörden zu praktizieren. 1. VI. 1796 Abreise von Wien, Rückkehr nach Bonn. 1799 Mitglied der Bonner Munizipalität, hält 21. IX. Festrede zum Neujahrstag der französischen Republik. Für ein Notariat als „homme instruit d'une grande assiduité et pour qui la voix publique se prononce d'une manière forte et avantageuse" empfohlen, wurde er 10. V. 1800 Professor für Geschichte an der Zentralschule Bonn, nach deren Auflösung Richter Bonn, 1806 Professor für den Code Napoléon an der Rechtsschule in Koblenz, bei deren Eröffnung am 1. XI. er über Aufgaben der juristischen Fachschulen sprach. Nach dem Ende der französischen Herrschaft zum Mitglied des Revisionshofes in Koblenz ernannt, wurde er 1819 Appellationsgerichtsrat Köln, 1832 als Geheimer Oberrevisionsrat nach Berlin berufen. Seit 1838 im Ruhestand übernahm er das ehemalige Gut seiner Tante Margarethe Stockhausen in Beul, das heute zu Neuenahr gehört. ⓧ 1806 Maria Magdalena Born aus Alzey; Sohn Karl Philipp (1808–1886) Landgerichtspräsident Koblenz, 1848 Mitglied der Frankfurter Nationalversammlung.

Mit Beethoven war er von Jugend an ebenso befreundet wie mit Babette, in deren Buch er sich sogar zweimal eintrug. Seine an Ossian oder Klopstock erinnernden Zeilen für Beethoven haben insofern besondere Bedeutung, als sie auf eine Einladung Beethovens nach England hinweisen. Bei dem ihm so freundlichen die Hand reichenden Barden, „der von unseren Gefilden floh auch in Albions Schutz", handelt es sich um den berühmten Violonisten Johann Peter Salomon (1745–1815), der 1765 Bonn verlassen hatte und seit 1781 in England als Virtuose und Musikunternehmer wirkte. Nach Christophs Worten hatte Beethoven tatsächlich vor, künftig Wien mit London zu vertauschen. Statt dessen suchte ihn Christoph Ende 1795 in Wien auf, wo er ein halbes Jahr blieb. In den Briefen an Wegeler erwähnt ihn der Komponist noch einmal am 29. VI. 1800: „Stoffel will ich nächstens schreiben, und ihm ein wenig den Text lesen über seine störrische Laune, ich will ihm die alte Freundschaft recht ins Ohr schreien, er soll mir heilig versprechen, euch in euren ohnedem trüben Umständen nicht noch mehr zu kränken".

BREUNING, Eleonore von, B S. 25, Bonn 1. XI. 1792. ∾ Bonn 23. IV. 1771, † Koblenz VI. 1841. Ältestes Kind von Joseph Emanuel und Helene v. Breuning. ⓓ Bonn III. 1802 Dr. med. Gerhard Wegeler (1765—1848), nach Studium in Bonn 1782—1787 und Wien 1787—1789 Prof. für Geburtshilfe und gerichtliche Medizin an Universität Bonn, 1793/94 deren Rektor, Herbst 1794 bis V. 1796 Wien, Rückkehr nach Bonn, 1800 Professor an Zentralschule, seit 1807 in Koblenz, Regierungs-Medizinalrat. Eine Tochter Helene, ein Sohn Julius.

Mit Babette seit der Kindheit befreundet, mit Beethoven spätestens seit 1782, erhält sie von ihm Klavierunterricht. Aus dem Jahre 1790 stammen ein gedruckter Geburtstagswunsch an ihn „von Ihrer Freundin und Schülerin Lorchen von Breuning" und ein handschriftlicher Neujahrswunsch „An Herrn Ludwig van Beethoven": „O möchte doch dein Glück, ganz meinen Wünschen gleichen ! dann würde es dies Jahr, das höchste Ziel erreichen. Dies hofft recht herzlich Ihre Freundin Lorchen Breuning". Ihnen entsprechen zwei farbige Glückwunschkarten „An Fräulein Lorchen von Beethoven — 1791". Zwei Kompositionen der Jugendzeit hat er ihr gewidmet: „Sonate pour le Pianoforte composée et dediée à Mlle. Eleonore de Breuning par L. van Beethoven", entstanden um 1790/91, und „XII Variations pour le Clavecin ou Piano-Forte avec un Violon obligé, Composées et Dediées à Mademoiselle Eleonore de Breuning par Mr. Beethoven", entstanden um 1792, gedruckt 1793. Am 2. XI. 1793, ein Jahr nach dem Abschiedsabend in Bonn, an dem sie sich mit einem Zitat aus Herders Zerstreute Blätter (IV, 397) in sein Stammbuch eingetragen hatte, sendet er ihr die Variationen mit einem Brief, dem ersten seit seiner Abreise, wie er bekennt, in der er sie als „Verehrungswürdige Eleonore! meine teuerste Freundin" anredet. In ihm bat er um Verzeihung für sein Betragen, das zuletzt zu einem fatalen Zwist geführt habe, gab er seiner Hochachtung und

Freundschaft und seinem immerwährenden Andenken an ihr Haus Ausdruck und wagte er die Bitte um eine neue Weste als Ersatz für die ihm einst in Bonn geschenkte, „um sagen zu können, daß ich etwas von einem der besten verehrungswürdigsten Mädchen in Bonn besitze". In einem weiteren undatierten Brief dankt er für eine von ihr gearbeitete Halsbinde und für ihre großmütige Verzeihung, wogegen er ihr wieder Kompositionen schickt: „Leben Sie wohl meine Freundin, es ist mir unmöglich Sie anders zu nennen, so gleichgültig ich Ihnen auch sein mag, so glauben Sie doch, daß ich Ihnen und Ihre Mutter noch eben so verehre wie sonst". Die Verbindung wurde dann vor allem durch Wegeler aufrechterhalten, der 1794 bis 1796 mit ihm in Wien zusammen war und dem er als seinem „treuen guten lieben Freund" 1800 sein Bild schickte, wobei er versprach, auch dem guten Lorchen zu schreiben. Wenn er dann am 2. V. 1810 Wegeler bat, seine verehrte Frau und seine Kinder in seinem Namen zu küssen und zu umarmen, wenn er ihm 1816 als Geschenke sein gestochenes Porträt und ein böhmisches Trinkglas zukommen ließ, so hat Wegeler Ende 1825 seinerseits die Jugendfreundschaft als einen sehr hellen Punkt seines Lebens bezeichnet: „Nun sehe ich an Dir wie an einen Heros hinauf und bin stolz darauf sagen zu können: ich war nicht ohne Einwirkung auf seine Entwicklung, mir vertraute er seine Wünsche und Träume, und wenn er später so häufig mißkannt ward, ich wußte wohl, was er wollte. Gottlob daß ich mit meiner Frau und nun später mit meinen Kindern von Dir sprechen darf; war doch das Haus meiner Schwiegermutter mehr Dein Wohnhaus als das Deinige, besonders nachdem Du die edle Mutter verloren hattest". Dem Brief hatte Eleonore ein eigenes Schreiben beigelegt, „nicht nur um mich etwas näher in Ihr Gedächtnis zu bringen, sondern um die wichtige Frage zu wiederholen, ob Sie gar kein Verlangen haben, den Rhein und Ihren Geburtsort wieder zu sehen, Sie werden uns zu jeder Zeit und Stunde der willkommenste Gast sein". Erst am 7. XII. 1826 beteuerte der kränkelnde Beethoven Wegeler, welches Vergnügen ihm sein und Lorchens Brief verursacht habe: „Von Deiner Lorchen habe ich noch die Silhouette, woraus zu ersehn, wie mir alles Liebe und Gute aus meiner Jugend noch teuer ist". Wieder hat sie einem Brief ihres Mannes vom 1. II. 1827 einen Zettel beigelegt, in dem sie ihn erneut zu einem Besuch aufforderte: „Kommen Sie erst und sehn Sie, was vaterländische Luft vermag". Am 17. II. 1827, einen Monat vor seinem Tode, ging, schon von anderer Hand geschrieben, ein letzter Brief Beethovens an Wegeler: „Wie viel möchte ich Dir heute noch sagen; allein ich bin zu schwach, ich kann daher nichts mehr, als Dich mit Deinem Lottchen [!] im Geiste umarmen."

BREUNING, Stephan von, K S. 104/105 mit Silh, Mergentheim 6. XII. 1795. ∾ Bonn 17. VIII. 1774, † Wien 4. VI. 1827. Jüngerer Bruder von Eleonore und Christoph. 1784—1789 am Gymnasium Bonn, Immatrikulation an Universität 3. XII. 1789, dort Studium der Philosophie bis 1791, der Rechtswissenschaft bis 1794. Immatrikulation Göttingen 15. X. 1794. Von dort Herbst 1795 mit Bruder Christoph über Mergentheim nach Wien. Mitte X. 1796 von Wien nach Mergentheim, Anstellung bei Regierung des Deutschen Ordens. Um 1800 Rückkehr nach Wien, Eintritt in Hofkriegsrat. 1806 Hofkriegsratssekretär, 1818 Hofrat. ⚭ 1808 Julie v. Vering (1791—1809); 1817 Constanze Ruschowitz. Ein Sohn Gerhard (1813—1892) Medizinalrat.

Seit Jugendtagen mit Babette und Beethoven eng befreundet. Nach Wegeler hat er gleichzeitig mit Beethoven für Jeanette d'Honrath geschwärmt. Er galt als guter Violinspieler. In Wien war er mit Beethoven von Ende 1795 bis Oktober 1796 und erneut seit 1800 zusammen. Beethoven an Wegeler,

29. VI. 1800: „Steffen Breuning ist nun hier und wir sind fast täglich zusammen, es tut mir so wohl, die alten Gefühle wieder hervorzurufen, er ist wirklich ein guter herrlicher Junge geworden, der was weiß und das Herz wie wir alle mehr oder weniger auf dem rechten Flecke hat." Am 16. XI. 1801 gibt Beethoven seiner Sorge Ausdruck, daß das Leben in Wien für Steffen mit zu viel Strapazen verbunden sei, „noch obendrein führt er so ein isoliertes Leben, daß ich gar nicht sehe, wie er so weiter kommen will". Dagegen hat Stephan am 13. X. 1804 seinem Schwager Wegeler über die zunehmende Schwerhörigkeit Beethovens geklagt. Erheblichen Anteil hatte er an der Gestaltung des Fidelio, darüber Bericht an Wegeler, 2. VI. 1806: „Ich arbeitete ihm das ganze Buch um, wodurch die Handlung lebhafter und schneller wurde ... Die meiste Freude habe ich vielleicht ihm gemacht, da ich, ohne daß er etwas davon wußte, sowohl im November als bei der Aufführung am Ende März, ein kleines Gedicht drucken und in dem Theater austeilen ließ." Nach einem Zwist, für den er sich selbst verantwortlich machte, sandte Beethoven ihm sein Gemälde: „wem könnte ich es wohl mit dem wärmsten Herzen geben als Dir, treuer, guter, edler Steffen — Verzeih mir, wenn ich Dir wehe tat; ich litte selbst nicht weniger, als ich Dich so lange nicht mehr um mich sah, empfand ich es erst recht lebhaft, wie teuer Du meinem Herzen bist und ewig sein wirst". Vor allem seitdem Stephan 1825 mit Frau und Sohn in das Schwarzspanierhaus in der Nähe von Beethovens Wohnung gezogen war, haben sie sich seiner angenommen. Nach Wegelers Meinung war er der einzige, „in dem alle Eigenschaften sich vereinigt fanden, Beethovens Biograph zu werden, hatte er doch, mit kurzen Unterbrechungen, von seinem 10ten Lebensjahr bis zu seinem Tode in der innigsten Verbindung mit ihm gelebt". Ist er dazu nicht gekommen, da er den Freund nur wenige Monate überlebte, so hat dafür sein

Sohn Gerhard in der Schrift „Aus dem Schwarzspanierhause" seine Erinnerungen an Beethoven veröffentlicht (1874).

CREVELT, Johann Heinrich, B S. 31, Bonn, 1. XI. 1792 (Eintragung Oktober sicher Versehen). ∾ Bonn 28. VI. 1751, † Bonn 25. VIII. 1818. Sohn des Arztes Matthias Crevelt und der Sibilla Elisabeth Simon. Nach Studium der Medizin in Wien und Paris Eröffnung ärztlicher Praxis in Bonn VIII. 1782. 1784—1786 Vorlesungen über Arznei und Botanik an Akademie Bonn. 1784/85 Veröffentlichung von Gedichten, Epigrammen und anakreontischen Oden in den von Bonner Illuminaten herausgegebenen „Beiträgen zur Ausbreitung nützlicher Kenntnisse". 1787 Gründungsmitglied der Bonner Lesegesellschaft. 1800 Mitglied der in Bonn eingesetzten medizinischen Jury, 1800—1804 Professor für Naturwissenschaften an der Bonner Zentralschule. Eifriger Sammler mineralogischer und zoologischer Seltenheiten, römischer Altertümer und wertvoller Bücher, die teils in seiner Wohnung in der Acherstraße, teils in dem „Creveltsgarten" vor dem Sterntor Aufstellung fanden. 1808/09 und 1813 Direktor der Lesegesellschaft, zu deren 25jährigem Bestehen er am 15. VII. 1813 im Poppelsdorfer Schloß eine Rede über Geschichte der Künste und Wissenschaften hielt. Freund und Korrespondent vieler geistig hochstehender Zeitgenossen, so des früheren kölnischen Ministers und Bonner Universitätskurators Franz Wilhelm von Spiegel. Beteiligt an den Bemühungen um Errichtung der preußischen Rhein-Universität in Bonn.

Enger Freund der Familie Koch, deren „Hausgenosse" seit 1782 bis Anfang des 18. Jahrhunderts, väterlicher Betreuer der Töchter, die er auf Reisen, etwa XI. 1790 nach Rheinberg, begleitete, 1802 Zeuge bei Trauung Babettes mit Belderbusch, nach ihrem Tod 1807 Verfasser von „Klage-Lied am Grabe der

Hochgebornen Frau Anna Barbara Gräfin von Belderbusch, geborene Koch",
die seit dem 12. Jahre ihres Lebens zu kennen er „das unvergeßliche Glück"
gehabt habe. Wohl von allen Mitgliedern des Kreises, auch von Beethoven, als
„der gute liebe Doktor" verehrt (Gerhard an Karl Ferdinand Kügelgen über
Besuch in Bonn, 30. X. 1804: „Der alte Hausfreund, unser lieber Doktor C.,
der ehemals so schmal und hager war wie eine Lanzette, stell' Dir vor, auch
dieser ist ... zur Verwunderung der ganzen Stadt dick geworden."). Wenn er
vor seiner Rede bei dem Lese-Jubiläum ein Stück Beethovens spielen ließ, so
hat dieser 1815 sein Bild als Stich der Lesegesellschaft zugehen lassen mit
der Bestimmung, daß es nach Eintreffen des in Aussicht gestellten Gemäldes
„als Andenken alter Freundschaft" an Crevelt fallen sollte.

DEGENHART, Johann Martin, B S. 21/22, Bonn 30. X. 1792. ∾ Bonn 26. V. 1768,
† Bonn 11. XI. 1800. Sohn des Leutnants und Platzadjutanten Peter Degenhart
und der Anna Gertrud Boutels. 1779—1782 am Gymnasium Bonn, nach Studium
der Philosophie 1783—1785 10. XII. 1785 an Akademie Bonn immatrikuliert für
Jura, die er bis 1791 studierte. Rechtskonsulent und Privatlehrer. 1795 Sekretär Eichhoffs, 1796 Vertreter des Nationalagenten. 1797/98 Mitglied der
Bonner Patriotischen Gesellschaft. Empfehlung für Notariat: „Depuis l'entrée
des armées françaises il a toujours rempli des fonctions administratives,
l'habitude des affaires et une étude approfondie l'ont rendu propre à
la place de notaire, pour laquelle il a toutes requises". 1799 Notar, Mitglied
der Bonner Lesegesellschaft.

„Für Freund Degenhart" stellte Beethoven 23. VIII. 1792 Abends 12 Uhr
ein Allegro und Menuett für zwei Flöten fertig. Jener, der wohl selbst Flöte
spielte, erkannte, wie die Eintragung zeigt, schon damals in Beethoven, für den

er zusammen mit Matthias Koch die Abschiedsblätter zusammenstellte, den „mächtigen Meister der Tonkunst". Wer der in seinen an Klopstock erinnernden Zeilen beklagte verstorbene gemeinsame Freund K. war, ließ sich nicht feststellen.

DIEL, Frid. = August Friedrich Adrian, K S. 83 mit Silh, Ems 30. VIII. 1793. ⁓ Gladenbach in Hessen 3. II. 1756, † Ems 20. IV. 1839. Dr. med., seit 1790 Amtsphysikus der Grafschaft Diez, Badearzt in Ems. Verfasser medizinischer und pomologischer Schriften.

DÖRFELD, J. L. = Ludwig, K S. 106/07 mit Silh, Mergentheim 2. XI. 1795. ⁓ München (?). 1769—1774 Sekretär des englischen Gesandten in München und Regensburg, 1774—1778 in Stockholm, 1781 in gleicher Eigenschaft nach Bonn. ⚭ Susanne Struve († Bonn III. 1789). 1785 Subskription auf Neefes Dilettanterien, 1787 Mitglied der Bonner Lesegesellschaft. Begleitet 1794 mit dem Gesandten Heathcote und dessen Familie den aus Bonn vertriebenen Kurfürsten nach Mergentheim, später nach Ellingen. 1801 Legationssekretär in Kassel bis 1806, dann in München, wo er noch 1813 nachzuweisen ist.

DÜRING, G. E. von, K S. 71 mit Silh, Ems 27. VIII. 1793. Aus Hannover. Kurgast in Ems.

EICHHOFF, Johann Joseph, K S. 50/51 mit Silh, Bonn 12. XII. 1790, B S. 15—17, Bonn 25. X. 1792. ⁓ Bonn 18. V. 1762, † Kessenich bei Bonn 2. XII. 1827. Sohn des kurfürstlichen Mundkochs August Eichhoff und der Maria Magdalene Farber. Nach Ausbildung in Paris 1779 kurfürstlicher Koch. ⚭ Bonn 1782 Hofsängerin Eva Grau (1751—1822). 1781 Mitglied „Desiderius" der Minervalkirche Stagira des Illuminatenordens. 1787 Gründungsmitglied der Bonner Lesegesellschaft. Nach erbetener Entlassung aus „einer seinem Geist und seinen Fähigkeiten unangemessenen Stelle" 1790 Übernahme des schwiegerväterlichen Kaufwarengeschäfts. Nach Einrücken der Franzosen 1795 Nationalagent bei Bezirksverwaltung, Mission nach Paris. 1799 Mitglied der Bonner Munizipalität, 1801 Maire von Bonn, neuerliche Mission nach Paris. 1802—1804 Unterpräfekt des Arrondissements Bonn. Dann Inspektor, 1811 Generaldirektor des Rheinschiffahrts-Oktroi in Köln. 1814/15 Sachverständiger für Rheinschiffahrt bei Wiener Kongreß. Bis 1819 in Rheinzollverwaltung, danach auf seinem Landgut in Kessenich. Verfasser einer Reihe von Schriften über den Rhein und seinen Handel. Interessiert für Literatur und Kunst, Sammler und Mäzen, bestrebt, Gutes zu wirken und dem Fortschritt die Bahn zu brechen. 3 Söhne, darunter Peter Joseph (1790—1866), als österreichischer Hofkammerpräsident Gegner Metternichs, Enkelin Bertha ⚭ Alfred Krupp.

Die ausführlichen Mahnungen an Beethoven, deren Überschrift eine Variation von Paulus I, Thessal. V,21, sind zugleich ein Bekenntnis zu „unserm trauten Kreis", der mit offenen Armen und wahrer Liebe auf seine Rückkunft harre. Die Huldigung an Babette beruft sich ausdrücklich auf Ossian. Von seinem Besuch bei Beethoven in Wien 1815 berichtet Eichhoff nach Bonn, daß der „gute Junge" ihn herzlich aufgenommen habe. Durch ihn, den Wegeler „unseren gemeinschaftlichen Freund" nennt, hat Beethoven damals Stiche seines Porträts an Crevelt und Wegeler geschickt.

EILENDER, P. J. = Peter Joseph, B S. 29, Bonn 1. XI. 1792. ∼ 27. IV. 1767, † Bonn 8. XI. 1831. Sohn des Kapellendieners Johann Joseph Eilender und der

Anna Gertrud Volks. Gemeinsam mit Degenhart 1779–1783 am Gymnasium Bonn, nach Studium der Philosophie 1783–1785 Immatrikulation für Jura 10. XII. 1785, Studium in Bonn wohl bis 1792, Protokollist bei kölnischem Hofrat. Stellt sich im Gefolge Eichhoffs mit Degenhart nach Einzug der Franzosen für die Verwaltung zur Verfügung. 1795–1797 Sekretär der Bonner Bezirksverwaltung, 1798 Mitglied, 1799 Präsident der Bonner Munizipalität. Vorschlag für ein Notariat: „À une fermeté naturelle il joint des connaissances très étendues et dont il ne cesse de donner les preuves les plus éclatantes depuis quatre années pendant lesquelles il a constamment rempli des fonctions administratives". Seit 1800 Notar. ⚭ Bonn 21. II. 1802 Maria Theresia Dupuis, Tochter des kurfürstlichen Artillerieleutnants und Kabinettzeichners Karl Dupuis. Nach Abzug der Franzosen 1814 Adjunkt des Oberbürgermeisters Belderbusch, 1816/17 kommissarischer Oberbürgermeister, später Mitglied des Stadtrats. Seit 1802 Mitglied, 1811–1818 Schriftführer, 1819–1821 Direktor der Bonner Lesegesellschaft. Seit 1820 Vorsitzender einer Musikalischen Vereinigung.

Die Eintragung in B ist ein Zitat aus Klopstocks 1751 verfaßter Ode an Cidli, 27 f. Eilender unterschrieb als Notar die Scheidung der ersten Ehe Belderbuschs 31. VII. 1802 und war Zeuge bei seiner Trauung mit Babette 9. VIII. 1802.

FACIUS, J. L., K S. 101 mit Silh, ohne Ort und Datum. War wohl einer der 3 von Beethovens Lehrer Neefe 1783 als sehr musikalisch bezeichneten Söhne von Johann Facius, der zu Anfang der 80er Jahre als russischer Agent in Bonn nachzuweisen ist.

FEDER, R. R., K S. 90, Ems 31. VIII. 1793. Frau oder Fräulein, Kurgast in Ems.

FÖLIX, Heinrich, K S. 68/69 mit Silh, Mergentheim 10. XI. 1795. ∿ Ehrenbreitstein 3. XI. 1770, † Niedersaulheim 28. V. 1845. Sohn des kurtrierischen Hofmalers Heinrich Fölix. 1780—1786 am Gymnasium Koblenz. Nach Philosophiestudium Priesterseminar Trier. 1791 Priesterweihe. Seit Herbst 1792 Vorleser bei Kurfürst Max Franz von Köln. 1793 Mitglied der Bonner Lesegesellschaft. Mit dem aus Bonn vertriebenen Kurfürsten 1794—1800 in Mergentheim, Frankfurt, Ellingen, Wien, dann Rückkehr nach Ehrenbreitstein. Nach Glaubenszweifeln Austritt aus Priesterstand, 1802 Landwirt und Kaufmann in Niedersaulheim bei Mainz. ⚭ 1. X. 1803 Anna Maria Kippenberger (1783—1858), 7 Kinder. Historischer, philosophischer und theologischer Mitarbeiter rheinischer Zeitschriften. Rückkehr zum Katholiszismus.

Da Fölix vorzüglich Klavier spielte und später Operntexte und Opernkritiken verfaßte, ist er möglicherweise schon in Bonn mit Beethoven in Verbindung getreten, vielleicht später wieder während seines Aufenthalts in Wien. Babette hat er offenbar, wie die Eintragung zeigt, tief verehrt. Nach dem erhaltenen Bruchstück eines für sie bestimmten Briefes hat er es empört abgestritten, als der Kurfürst wissen wollte, sie sei die „Quasifrau" des Grafen Belderbusch, sich dann aber mit Zweifeln herumgeschlagen, die ihn in tiefen Kummer versetzten.

GOEBEL, Ferdinand, K S. 55 mit Silh, Bonn 12. V. 1790. ∿ Rheinberg 4. III. 1768, † Rheinberg 23. IV. 1796. Sohn des kurfürstlichen Kellners in Rheinberg und Hofrats Franz Goebel (1722—1808) und der Maria Petronelle Dejean († 1787). Immatrikulation an Universität Bonn für Jura 14. XII. 1786, Studium 1786/87 und 1788/89, wobei er zeitweise durch Leichtsinn und Schulden der Familie Kummer bereitete, aber eifrig an musikalischen Veranstaltungen im Haus des

Hofkammerrats Mastiaux teilnahm. Beendigung des Studiums in Kameralistik. Nach Rückkehr nach Rheinberg Adjunkt seines Vaters.

GOEBEL, Lise, K S. 52/53 mit Silh, Rheinberg 18. XI. 1790. ∿ Rheinberg 14. XI. 1764, † Rheinberg 15. IV. 1842. Ältere Schwester von Ferdinand Goebel. ⊚ 9. VIII. 1797 Nicolas François Fournier, französischer Husarenoffizier. 1 Tochter, 1 Sohn.

Beziehungen zwischen Kochs und Goebels waren wohl durch Ferdinand angeknüpft worden und dadurch gefestigt, daß Hofrat Goebel bei Besuchen in Bonn sich mit Crevelt anfreundete. Bekanntschaft und Freundschaft zwischen den Schwestern Koch und Goebel wurden bei einem Besuch der von Crevelt begleiteten Kochs in Rheinberg im November 1790 hergestellt, den die Goebels Anfang März 1791 in Bonn erwiderten.

GOEBEL, Marianne, K S. 49 mit Silh, Rheinberg 11. XI. 1790. ∿ Rheinberg 11. XII. 1769, † Rheinberg 29. IX. 1834. Jüngere Schwester von Lise Goebel. ⊚ Rheinberg 27. V. 1802 Franz Hausmann aus Rheinberg. 3 Söhne und 1 Tochter.
Siehe Goebel, Lise.

HOLZBRINK, Sophie von, geb. von Budberg, K S. 79 mit Silh, Ems 30. VIII. 1793. Badegast in Ems.

KEVERBERG, Karl Wilhelm von, K S. 66/67 mit Silh, Köln 9. IV. 1791 (ursprünglich als Unterschrift nur „Willhelm", mit anderer Schrift davor Karl, dahinter v. Keverberg zugesetzt, anscheinend nach Schriftvergleich ihrer Eintragung in B von Marianne Koch). ∿ Aldengoor 14. III. 1768, † Haag 30. IV. 1841. Sohn des Freiherrn Karl Emanuel von Keverberg (1740—1810), preußischen Kriegsrats und Mitglieds der Ritterschaft und des Landesadministrationskollegiums von Geldern, und der Anna Maria Josepha von Weichs zu Rösberg (1742—1818). 1780—1783 Edelknabe und Gymnasiast in Bonn, 1783/84 Studium der Philosophie, 1784—1787 der Jurisprudenz an Akademie bzw. Universität Bonn, 1787—1790 in Frankfurt a. O. 1785 Subskription auf Neefes Dilettanterien. Ab 1792 auf elterlichem Gut. 1800 Mitglied des Generalrats des Departements Meuse-Inférieure, Maire von Haelen, 1804 Unterpräfekt von Kleve, 1811 Präfekt des Ober-Ems-Departements in Osnabrück. Ende 1813 Flucht über Aldengoor nach Paris. Nach Übernahme in Dienst des Königsreichs der Vereinigten Niederlande 1815 Gouverneur der Provinz Antwerpen, 1817 von Ostflandern, Kurator der Universität Gent, 1819 Staatsrat im Haag. 1834 Veröffentlichung des zweibändigen Werks „Du Royaume des Pays-Bas". ⚭ Weeze 11. XII. 1811 Sophie Luise von Loë (1786—1814), 30. III. 1818 Maria Lodge aus England. Aus 2. Ehe 3 Söhne und 1 Tochter.

Der Inhalt der Eintragung über Freundschaft als Weg zur Tugend und Veredelung der menschlichen Natur entspricht späteren Äußerungen Keverbergs und seinem von sozialem Verständnis und Menschenliebe getragenen Wirken als hoher Beamter.

KLEIN, Antoinette (Nettchen), K S. 102 u. 113 mit Silh, Bonn 13. VII. 1794 (2 verschiedene Eintragungen mit gleichem Datum). ∼ ?, † Hennef 27. I. 1827. ⚭ c. 1797 Matthias Koch (siehe unten). Nach Tod ihres Mannes in Hennef. 2 Kinder Caroline († XII. 1826), Heinrich († 1839).

KLEMMER, Jakob, B S. 32, Bonn 1. XI. 1792. ∼ Bonn 11. X. 1760, † ·?. Sohn von Matthias Klemm und Barbara Antweiler, Bruder von Frau Koch. 1777/78 auf 4. Klasse des Gymnasiums Bonn, belegt 1783 Vorlesungen über Geschichte und Recht an Akademie Bonn. Seit 1783 Unterbereiter am kurfürstlichen Reitstall. 1791 Mitglied der Bonner Lesegesellschaft. 1791 Berufung zum Stallmeister des Erzherzogs Karl, die anscheinend nicht verwirklicht wurde. V. 1794 vom Kurfürsten mit Schulhengsten aus dem Bonner Reitstall zu dessen Bruder Ferdinand nach Mailand gesandt, als Reitlehrer für dessen Söhne vorgesehen. Weiteres Schicksal unbekannt.

Die Eintragung ist Wiedergabe aus Ansprache Posas an die Königin, Schillers Don Carlos IV, 21.

Koch, Anna Maria geb. Klemmer, B S. 7, Bonn 1. XI. 1792. ∾ Bonn 21. I. 1749, † Bonn 11. VI. 1817. Ältere Schwester von Jakob Klemmer. ⚭ Köln (bei Kreuzherren) Michael Koch (c. 1736/37 — 1. VI. 1783), 1767 kurfürstlicher Kellerdiener, 1776 Hof-Botellier und Weingarten-Aufseher, seit 1777 Besitzer des Hauses zum Zehrgarten an Westseite des Bonner Marktes mit „Weinhantierung". Seit 1783 „Witwe Koch" daselbst Gasthalterin, Kostgeberin, Zimmervermieterin. Dazu Porzellanhandel und vor allem Buchhandlung: hierauf erster Hinweis Bönnisches Intelligenzblatt 5. XII. 1786, seitdem bis 1792 zahlreiche Anzeigen von bei Witwe Koch auf dem Markt zu habender Literatur. Nach Besetzung Bonns durch die Franzosen XII. 1794 städtische Anweisung zu Zahlung von 212 Talern an sie für gelieferte bzw. requirierte Weine an Generale und Kriegskommissare. Wohl 1802 Verkauf von Haus und Geschäft, Umzug in Hundsgasse. Kinder Babette, Matthias, Marianne.

23. II. 1779 Patin bei Beethovens bald nach Geburt gestorbener Schwester Anna Maria. Die Eintragung in sein Stammbuch ist wie die ihres Bruders ein Zitat aus Schillers Don Carlos IV, 21. Vgl. im übrigen die Einleitung.

Koch, Marianne (Mariänchen, Jänchen), B S. 9, Bonn 24. X. 1792. ∽ Bonn 15. IV. 1775, † Potsdam 1820. Jüngere Schwester von Babette, begleitete sie XI. 1790 nach Rheinberg, X. 1795 — I. 1796 nach Mergentheim. ⚭ Bonn (Remigiuskirche) 22. VII. 1796 Johann Karl Heinrich Kirchner aus Bonn († Berlin c. 1841), seit etwa 1800 in preußischen Diensten, Rechnungsrat Berlin, während Krieges 1814 Hauptmann bei kurmärkischer Landwehr. Nach Brief Babettes an Nina Ziegler-Lapostolle 6. VIII. 1805 litt Marianne in Berlin an Gicht, Krämpfen und Sehnsucht nach der Heimat, in die sie mehrfach flüchtete. Zuletzt in Potsdam, gelähmt. 1 Tochter Charlotte („Lolly")

Koch, Matthias, B S. 13, Bonn 24. X. 1792. ∽ Bonn 4. II. 1773, † Bonn (?) 27. IX. 1805. Bruder von Babette. 1784—1788 am Gymnasium Bonn, 18. XII. 1788 Immatrikulation an Universität Bonn, Studium der Philosophie, dann der Rechte bis 1792. Begleitet 1794 seinen Onkel Klemmer bei Pferdetransport nach Italien. Ende 1795 in Wien, wo er 1796 blieb. 1797 Rückkehr nach dem Westen. ⚭ Antoinette Klein (siehe oben). Bibliothekar des Fürsten von Isenburg-Birstein in Offenbach. Von Stephan Breuning als genievoll, in Nachruf als echtes Künstler-Talent mit reinem Sinn für alles Gute, Schöne und Große bezeichnet.

Wohl mit Degenhart Beethovens engster Bonner Freund. Haupteintragung ist Zitat aus Klopstocks Ode Der Zürchersee 50—52, am Rande Fortsetzung des Zitats seiner Mutter aus Schillers Don Carlos. Erneut 1795/96 in Wien wohl in engem Kontakt mit Beethoven. In Brief nach Bonn 23. XI. 1796 meint Stephan Breuning, daß er auf seines Bruders Lorenz und Beethovens Verwendung diesen Winter wohl noch in Wien bleiben werde.

KÜGELGEN, Gerhard, K S. 63, ohne Ort und Datum (vermutlich Frühjahr 1791). ⚭ Bacharach 6. II. 1772, † (ermordet) bei Dresden 27. III. 1820. Sohn des kurkölnischen Kellners in Bacharach und Hofkammerrats Franz Kügelgen und der Maria Justina Hoegg. 1786—1789 am Gymnasium Bonn. Wohl 1789 zur Ausbildung als Maler zu Januarius Zick in Koblenz. Frühjahr 1791 in Bonn, wo er Porträts des Kurfürsten, des Ministers Spiegel und des Grafen Waldstein malt und ein Selbstporträt von der Lesegesellschaft angekauft wird. Mit kurfürstlichem Stipendium zusammen mit seinem Bruder Karl Ferdinand V. 1791 nach Rom, von dort II./III. 1795 über München nach Riga. Porträt- und Historienmaler in Riga, Reval, St. Petersburg. ⚭ 1800 Helene Marie Zoege von Manteuffel (1774—1842). 1804 Reise nach Deutschland, Besuch am Rhein, 1804/05 Rhens. Ab V. 1805 Dresden. Malte u. a. Wieland und Goethe, von denen ihn der erste als vielleicht den liebenswürdigsten aller ihm vorgekommenen Menschen, Goethe als den guten, im Umgang allen so werten Künstler, in dem Mensch und Malen eins seien, rühmte. 5 Kinder darunter Wilhelm (1802—1867) Verfasser der „Jugenderinnerungen eines alten Mannes".

Es ist anzunehmen, daß er und sein Bruder sich auch an der Abschiedskundgebung für Beethoven beteiligt hätten, wenn sie noch in Bonn gewesen wären. Über ihre enge Verbindung mit den Häusern Koch und Breuning, „wo wir die Freude unseres jugendlichen Daseins am lebhaftesten empfunden haben", Brief Gerhards nach Besuch in Bonn 30. X. 1804. 1817 stiftete er als Dank für das, was Bonn und die Freunde der Jugend ihm gegeben, der Bonner Lesegesellschaft sein Doppelporträt der beiden Brüder, das Dr. Crevelt bis zu seinem Tode gehören sollte, der es jedoch sofort der Lese gab (heute als Leihgabe im Beethovenhaus Bonn).

Kügelgen, Karl Ferdinand, K S. 58/59 mit Silh, Bonn 15. IV. 1791. ~ Bacharach 6. II. 1772, † Landsitz bei Reval 9. I. 1832. Zwillingsbruder von Gerhard Kügelgen. 1786–1789 am Gymnasium Bonn, 13. V. 1789 Immatrikulation für Philosophie in Universität Bonn. 1790 zur Ausbildung als Maler zu dem Landschaftsmaler Schütz in Frankfurt, 1791 bei Christoph Fessel in Würzburg. Frühjahr 1791 nach Bonn, wo wie dem Bruder, so ihm von der Lesegesellschaft ein Gemälde (Ansicht von Würzburg) abgekauft wurde „zur Ermunterung dieser hoffnungsvollen Landeskinder". Mit Gerhard 1791 nach Rom. Bis 1796 in Italien. Sommer 1796 mit den Rombergs nach Wien, dann weiter nach Riga. Ab 1798 in St. Petersburg. ⊚ 1806 Emilie Zoege von Manteuffel. Russischer Hofmaler.

Die Freundschaft mit Beethoven ist auch daraus zu erkennen, daß er sich am gleichen Tage mit ihm und Anton Reicha in Bonn immatrikulieren ließ. Er hat zusammen mit den beiden Rombergs 1796 ihn in Wien aufgesucht. Über die Freundschaft mit den Kochs und Breunings siehe die Angaben bei Gerhard Kügelgen.

Lapostolle, Franz, K S. 40/41 mit Silh, Bonn 11. X. 1790. ~ Bonn 20. VI. 1751, † Brilon VI. 1800. Sohn von Franz Lapostolle und Anna Eva Sturm. 1780 Kanzlist, Sekretär des Hofratsvize- und Akademieratspräsidenten Graf Karl Belderbusch. Um 1783 Verfasser von Anweisung zur deutschen Sprachkunst, eines Orthographischen Wörterbuchs, einer Instruktion für die Schulmeister, ferner in der Illuminatenzeitschrift „Beiträge zur Ausbreitung nützlicher Kenntnisse" einer Ode auf Klopstock nach Klopstock. In derselben Abschiedsgruß von G. F. Deurer „Meinem lieben Lapostolle". Neefe nennt ihn in seinen Dilettanterien neben seinem Altersgenossen und Freund Crevelt unter den be-

deutenden Talenten am Rhein. 1787 Sekretär der Kanzlei der kurkölnischen Hofkammer. ⚭ 24. V. 1775 Bonn Anna Catharina van den Boschée. Flüchtet vor
Franzosen X. 1794 nach Arnsberg, wo er seinen Posten bis zu seinem Tod
weiter versieht. 2 Söhne, 2 Töchter.

Zwischen den Familien Lapostolle und Beethoven gab es schon früh Ver-
bindungen, und Franz Lapostolle wohnte um 1790 in einem Haus am Markt
nahe beim Zehrgarten, von wo sich Babette wohl freundschaftlich seiner um
ein Jahrzehnt und mehr jüngeren Töchter angenommen hat.

LAPOSTOLLE, Maria Agnes (Nina, Ningen), K S. 45 mit Silh, ohne Ort und Datum,
~ Bonn 26. V. 1784, † ?. Jüngere Tochter von Franz Lapostolle, Patenkind
von Dr. Crevelt. ⚭ nach 1800 Arnsberg, Kaspar Anton Ziegler aus Bonn
(1774—1844), 1793 Aktuar in Ürdingen, 1798 Sekretär, 1801 Calculator bei
kölnischen Hofkammer in Arnsberg, seit 1803 im hessischen Dienst, 1807 Rechnungsrat. Eine Tochter Henriette (1805—1889) ⚭ Dr. Gustav Bischof († 1870),
Professor der Mineralogie an Universität Bonn.

Zwei Briefe von Babette an die liebe Freundin Nina 6. VIII. und 14. X. 1805
haben sich erhalten, die Antrag und Übernahme der Patenschaft für Hen-
riette durch die Gräfin Belderbusch betreffen. Ziegler hatte einen Namen als
Musiker und Komponist, wird also möglicherweise in Bonn mit dem um wenige
Jahre älteren Beethoven bekannt gewesen sein. — Das Zitat stammt aus
Claudius, Ein Lied, v. 25—30, wo es v. 29 stolz statt brav heißt.

LAPOSTOLLE, C. = Anna Catharina (Tringen), K S. 43 mit Silh, Köln 14. VII. 1802.
~ Bonn 17. IX. 1780, † vermutlich unverheiratet bald nach 1802. Ältere Tochter
Franz Lapostolles.

Die Eintragung ist Glückwunsch zu Babettes Hochzeit.

LAUSBERG, I. P. F., K S. 87 mit Silh, Ems 27. VIII. 1793. ∿ Elberfeld. Emser Kurgast aus Brüssel.

Auf die Huldigung für Babette haben wohl Verse des Homerübersetzers und Idyllendichters Johann Heinrich Voß eingewirkt, dessen Zauber-Pinsel Lausberg zu haben wünschte.

LEERODT, Marianne von, K S. 57 mit Silh, ohne Ort und Datum. ∿ 10. IV. 1761, † Haus Rath bei Krefeld 30. IV. 1823. Zweite von sechs Töchtern des Freiherrn Joseph von Leerodt (1733—1790) und der Gräfin Maria Odilia von Satzenhofen (1731—1766). 1766—1793 Stiftsdame in Dietkirchen bei Bonn. ⚭ 1793 Freiherrn August von Kleist (1770—1861). 5 Kinder.

Crevelt schreibt 1. I. 1791 an Hofrat Goebel in Rheinberg von 3 Fräuleins von Leerodt, die sich an einem von den Geschwistern Koch für den Besuch der Schwestern Goebel in Bonn vorbereiteten Spiel beteiligen würden.

MALCHUS, Carl August, B S. 5, Bonn 24. X. 1792, K S. 75 u. 92/93 mit Silh, Bonn 30. X. 1792 und 6. II. 1794. ∿ Mannheim 27. IX. 1770, † Heidelberg 20. X. 1840. Sohn des Zweibrückener Burgvogts Franz Malchus und der Maria Josepha Stimmlin, Pate Pfalzgraf Karl von Zweibrücken. Gymnasium Zweibrücken und seit 1785 Mannheim. Immatrikulation an Universität Heidelberg 10. XII. 1788 für Logik, 15. X. 1789 an Universität Göttingen für Rechte, Staats- und Kameralwissenschaft, Schüler von Martens, Pütter, Gatterer. Ab IX. 1791 Wien, ab I. 1792 Sekretär des zum kaiserlichen Minister bei den rheinischen Kurhöfen ernannten Grafen Clemens August von Westphalen, der VIII. 1792 Wohnsitz in Bonn nahm. 1792 Mitglied der Bonner Lesegesellschaft. Mehrfach zu Missionen besonders zur kaiserlichen Armee verwandt, verläßt er vor Einzug der Franzosen X. 1794 Bonn und gelangt mit Westphalen über Siegburg in das Hildesheimische. 1795 zeitweise in Wien und an der publizistischen Bekämpfung des Baseler Friedens beteiligt, wurde er 1796 österreichischer Beobachter bei dem von Preußen geleiteten Hildesheimer Kongreß über die Sicherung der Demarkationslinie. 1799 Übertritt in Dienste des Domkapitels von Hildesheim, verfaßt er 1800 Schrift über die Staatsverwaltung Hildesheims. 1802 Mitglied der Kommission zur Durchführung der Säkularisation in dem Hochstift. Übertritt in preußische Dienste, 7. III. 1803 Kriegs- und Domänenrat in Halberstadt. ⚭ 1799 Halberstadt Antoinette Osthaus (1775—1843). Nach Niederlage Preußens 9. I. 1808 Staatsrat, IV. 1808 Generaldirektor der Steuern, V. 1811 Finanzminister in dem von Napoleon für seinen Bruder Jérôme errichteten Königreich Westfalen in Kassel. 1810 Baron, 1813 Graf von Marienrode, auf welchen Titel er später verzichtet. X./XI. 1813 Flucht über Aachen nach Paris. Seit IV. 1814 Heidelberg, Veröffentlichung eines Nachrufs auf seinen Göttinger Lehrer Gatterer und einer Selbstbiographie in „Zeitgenossen" I, 1816. Sommer 1817 Präsident der Oberfinanzkammer Stuttgart mit Auftrag König Wilhelms von Württemberg, Verwaltung in bürokratisch-antiständischem Sinne zu modernisieren. IX. 1818 entlassen: „Man hat mich, als kaum das Gerüst zum Gebäude stand, unterbrochen". Seitdem in Heidelberg literarisch tätig, Verfasser großer systematischer Werke über Staatenkunde, Staatsverwaltung und Finanzwissenschaft. Nach zeitgenössischem Urteil (F. A. Koethe) kalt, streng, stolz, für Vergnügungen wenig empfänglich, aber zuvorkommend und vertraulich mit seinen Freunden. 3 Söhne, davon 2 württembergische Offiziere.

Nach den Eintragungen innige Freundschaft sowohl zu Beethoven als auch zu Babette, was auch Brief Beethovens an Eleonore von Breuning vom 3. XI. 1793 bestätigt, wonach er seit seiner Abreise von Bonn Malchus dreimal geschrieben habe und von Babettes Einwirkung auf ihn eine Antwort erhoffe. Als Malchus auf der Flucht Ende 1813 in Aachen Fischenich traf, ließ er durch ihn Belderbusch, Frau Koch und Dr. Crevelt grüßen.

Mirman, C. und L. de, K S. 97 u 99 mit Silh, Rheinberg 17. XI. 1790. In Rheinberg nachweisbar der französische Oberst, dann Brigadier Chevalier Étienne de Mirman, seit 1779 kurkölnischer Kämmerer, † 1791. Er hatte aus Ehe mit Johanna Anna von Weiler 2 Töchter, Johanna Maria Albertina Elisabetha ∿ XII. 1770 und Francisca Perfecta Charlotta Wilhelmina ∿ IV. 1776. In Bonner Korrespondenzen aus den 80er Jahren ist häufiger von ihm und einem musikalischen Sohn, Leutnant de Mirman, die Rede. Die beiden aus dem Rahmen der schwarzen Silhouetten fallenden Miniaturporträts geben Offiziersköpfe wieder. Dagegen bezeichnen sich die beiden Eintragenden als „amie" Babettes, so daß es sich bei ihnen um die beiden in Rheinberg geborenen Schwestern zu handeln scheint, die durch Vermittlung der Familie Goebel den Schwestern Koch bei ihrem Besuch in Rheinberg XI. 1790 bekanntgeworden sind.

Neesen, Joseph, K (lose einliegend) S. 131, Münster 8. XII. 1796. ∿ Bonn 29. XI. 1770, † Köln 1829 (?). Sohn des Hofrats Johann Gabriel Neesen und der Catharina Adelgundis von Heupgen. 1781—1786 Gymnasium Bonn, 14. XII. 1786 Immatrikulation an Universität Bonn, Studium von Philosophie und 1788—1792 Jura. 1794 Lic. jur., Assessor am Offizialamt Köln, bei Einmarsch der Franzosen 1794 möglicherweise nach Münster. 1800—1829 Notar Köln.

Polzer, Maria Anna, K S. 81 mit Silh, Mergentheim 29. X. 1795. Geb. Vinoglio, Tochter eines kurfürstlichen Zuckerbäckers in Bonn. ⓪ Bonn 26. V. 1789 Wenzel

Hermann Polzer (siehe unten). Spätestens 1794 mit ihrem Mann nach Mergentheim.

Polzer, Wenzel Hermann K S. 127/28, Mergentheim 30. X. 1795. Seit 1785 Kanzleisekretär bei Deutschordenskanzlei in Bonn. 1787 Gründungsmitglied der Lesegesellschaft. 1789 Archivar des Deutschen Ordens (wohl Mergentheim), Hofrat. Bis Aufhebung des Ordens 1806 in dessen Diensten, dann zeitweise in französischen. 1815 Dillingen, wo er noch 1823 nachweisbar ist.

Wohl schon in Bonn ebenso wie seine Frau mit Kochs und Breunings befreundet. XI. 1786 Trauzeuge bei Hochzeit von Babettes Tante Maria Christina Klemmer mit dem Hofkonditor Georg Sutor. Selbst wurde er von dem Kerpener Kanonikus Johann Philipp von Breuning, Onkel der Geschwister Breuning, getraut. — Das der Eintragung beigefügte englische Epigramm stammt aus A. Pope, Essay on Man, I, 294.

Richter, B S. 11, Bonn 24. X. 1792. = Johann Jakob, Geistlicher, 1789/90 Unterlehrer am Gymnasium Koblenz. 1790 Subskribent der Gedichte von Eulogius Schneider („Prof. Richter aus Koblenz"). Ende 1790 auf Empfehlung Schneiders und des Ministers und Bonner Universitätskurators Freiherr von Spiegel Hofmeister der Söhne des Grafen Westphalen, seit 1792 kaiserlichen Gesandten in Bonn. Spiegels Berater bei Besetzung des historischen Lehrstuhls in Bonn. 1794 mit Westphalen auf dessen Gut bei Hildesheim. 1797 Domvikar in Hildesheim. 11. XI. 1798 Immatrikulation Heidelberg für Staats- und Kameralwissenschaften zusammen mit dem jungen Grafen Friedrich von Westphalen dabei als Canonicus bezeichnet. Bis 1802 in Personalliste der Hildesheimer Domvikare. Weiteres Schicksal unbekannt.

STRUVE, Heinrich, B S. 23, Bonn 30. X. 1792. ～ Regensburg 10. I. 1772, † Hamburg 9. I. 1851. Sohn des russischen Agenten und späteren Gesandten in Regensburg Anton Sebastian Struve (1729–1802, 1785 geadelt). 1793 dem Vater beigeordnet, 1796–1798 russischer Legationssekretär Hamburg. 1812 Altona, 1814/15 russischer Geschäftsträger bei 3 Hansestädten. Diplomatische Vertretung Rußlands in Hamburg bis 3. VI. 1850. Um Hamburg literarisch und wissenschaftlich hoch verdient, Präsident der Hamburger Naturwissenschaftlichen Gesellschaft, 10. VIII. 1843 aus Anlaß seines 50jährigen Dienstjubiläums Ehrenbürger von Hamburg. Onkel von Gustav von Struve, Führer der Revolutionsbewegung in Baden 1848.

In Bonn wohl auf Grund seiner Verwandtschaft mit dem mit seiner 1789 verstorbenen Schwester Susanne verheirateten Dörfeld (siehe oben). Der jüngste Bruder Breuning, Lorenz, teilt 1795 aus Wien seiner Schwester Eleonore mit, daß Struve das nächste Frühjahr zu ihnen, also Beethoven und ihm, kommen wolle.

TEMPELHOFF, Carl, K S. 77/78 mit Silh, Ems 22. VIII. 1793. K. P. A. L. = Königlich Preußischer Artillerie Leutnant aus Berlin. Nicht Sohn, aber wohl Verwandter des preußischen Artilleriegenerals und Militärschriftstellers Georg Friedrich Tempelhoff. Er war 1793, auch nach einer erhaltenen Liste von Kurgästen, im Nassauischen Kurhaus in Ems Badegast.

Das von ihm vollständig abgeschriebene bekannte Gedicht ist „Das Gebet" von Gottlieb Konrad Pfeffel (1736–1806).

THOMSON, K S. 84/85 mit Herrensilhouette, ohne Ort und Datum. Man denkt zunächst an einen Engländer, vielleicht einen Badegast von Ems, zumal die Eintragung zwischen anderen aus Ems steht. Nun ist sie aber ein Zitat aus James Thomson, The Seasons, I, Spring, so daß die Unterschrift den Dichter bezeichnen kann, während die Eintragung von einem in der Silhouette wiedergegebenen Unbekannten stammt.

VEIT, K S. 108/09 mit Silh, Mergentheim 7. I. 1796. = Joseph Veit, ∼ Mergentheim 10. IV. 1764, † Königswinter 10. III. 1824. 1791 Protokollist der Kammer des Deutschen Ordens, später Kammerrat. ⓒ Mergentheim 28. III. 1796 Catharina (Tringen) Bona (siehe oben). Seit 1805 Königswinter. 1806 Mitglied der Bonner Lesegesellschaft. 1813/14 Führer im Landsturm Königswinter.

    Seine und seiner Frau, damals wohl schon seiner Braut, Eintragungen stellen offenbar Versuche dar, der von Mergentheim scheidenden Babette Trost in einer Krise zu geben und sie zur Annahme des Antrages eines „deutschen Biedermanns" zu bewegen.

WALDSTEIN, Graf Ferdinand, B S. 18/19 mit Silh, Bonn 29. X. 1792. ∼ Wien 24. III. 1762, † 26. V. 1823. Sohn des Grafen Philibert Waldstein und der Prinzessin Marianne von Liechtenstein. VI. 1787 Eintritt in Deutschen Orden, Noviziat Ellingen. Seit Anfang 1788 Bonn, 17. VI. 1788 von Kurfürst Max Franz als Hochmeister des Ordens zum Ritter geschlagen. 1789 Wirklicher Geheimrat und Mitglied der Staatskonferenz des Ordens Bonn. 1791 Erwerb eines Rittersitzes in Godesberg, damit der kurkölnischen Landstandschaft. 1788 Mitglied der Lesegesellschaft Bonn, 1794 deren Direktor. 1790 Subskribent der Gedichte von Eulogius Schneider. 1788 bis 1792 verschiedene diplomatische Missionen. 1792 Komtur Virnsberg. Anfang 1794 im Gefolge des Kurfürsten in Wien. Entfremdung mit dem Kurfürsten, den er politisch zu beeinflussen sucht (Denkschrift Wien 1. III. 1794) und der ihm vorwarf, bei Verhandlungen mit kaiserlichen Generalen seine Vollmachten überschritten zu haben. Vertrag mit England über Aufstellung eines Regiments Mergentheim 3. VI. 1795. Ab 1796 in London. Max Franz 23. VII. 1797: „Ferdinand Waldstein läßt schon über ein Jahr von sich weder den Orden noch seine Kreditoren etwas hören, ich wünsche ihm viel Geld und Klugheit". Mit Regiment anscheinend zeitweise in Westindien, bis 1807 in englischem Dienst. Ab 1809 in Wien oder auf böhmischen Gütern. 1811 Austritt aus Orden. ⚭ 9. V. 1812 Gräfin Isabella Rzewuska († 1818). Nach unglücklichen finanziellen Aktionen verarmt. Begabt und ehrgeizig, aber leichtsinnig, unstet und unrealistisch, anregender Gesellschafter, für Aufklärung und Humanität.

Sehr musikalisch, guter Klavierspieler, auch Komponist. Freundschaft mit Familie Breuning, engere Berührung mit Beethoven spätestens seit dem von ihm organisierten Ritterballett 1791, wahrscheinlich schon seit 1787/88. 1790 Auftrag an Beethoven, Musik für das Ritterballett zu schreiben. 1791/92 „Variations à quatre mains pour le Pianoforte şur une Theme de Monsieur le Comte de Waldstein par Louis van Beethoven" (gedr. 1794). Nach Wegeler der erste und in jeder Beziehung wichtigste Mäzen Beethovens, verschaffte ihm das Stipendium für Reise nach Wien 1792. Beethoven schickt 17. VI. 1794 Musikverleger Simrock Manuskript durch „meinen Freund den Grafen Waldstein". 1804 Klaviersonate op 53, 2, Waldstein gewidmet. Später offenbar keine näheren Beziehungen mehr. Eintragung Beethovens XII. 1819: „Der Graf Waldstein war ja in der Nähe. Lebt er jetzt hier?"

Veröffentlichungen des Beethoven-Hauses, Bonn

Dritte Reihe: Beethoven. Ausgewählte Handschriften in Faksimile-Ausgaben

1 (1953)   *Entwurf einer Denkschrift an das Appellationsgericht*
           in Wien vom 18. Februar 1820.
           Erst vollständige Faksimile-Ausgabe: Einführung, Übertragung
           und Anmerkungen von Dagmar Weise.

2 (1984)   *Klaviersonate in C-Dur op. 53 ("Waldstein"-Sonate)*
           hrsg. von Martin Staehelin

3 (1986)   *Dreizehn unbekannte Briefe an Josephine Gräfin Deym,*
           geb. von Brunsvik
           Hrsg. von Sieghard Brandenburg. Einführung und Übertragung von
           Joseph Schmidt-Görg

4 (1984)   *6 Bagatellen für Klavier op. 126*
           Faksimile der Handschriften und der Originalausgabe mit Kommentar
           2 Bände, hrsg. von Sieghard Brandenburg

5 (1986)   *„Nur wer die Sehnsucht kennt"* WoO 134
           Mit einer Studie von Helga Lühning, hrsg. von Sieghard Brandenburg

6 (1990)   *Beethovens Tagebuch*
           von Maynard Solomon
           hrsg. v. Sieghard Brandenburg

zu beziehen durch:

Verlag des Beethoven-Hauses
Bonngasse 24-26
D-53111 Bonn
Tel. 0228 / 658245
Fax 0228 / 692744

Die Stammbücher
Beethovens und der Babette Koch

Textübertragung

Die Stammbücher
Beethovens und der Babette Koch

Textübertragung

von

Michael Ladenburger

Vorwort

Zum 200. Geburtstag Beethovens hat Max Braubach die Stammbücher Ludwig van Beethovens und seiner Jugendfreundin Babette Koch in einer kommentierten Faksimile-Ausgabe vorgelegt. Diese Ausgabe ist seit längerer Zeit vergriffen. Der 225. Geburtstag Beethovens bietet Anlaß für eine Neuauflage dieser für Beethovens Bonner Freundeskreis besonders aufschlußreichen Dokumente.

Max Braubachs grundlegende Arbeit wurde unverändert übernommen. Lediglich die farbigen Abbildungen im Stammbuch der Babette Koch wurden neu faksimiliert. Der leichteren Lesbarkeit halber wurde der Neuauflage eine Transkription der Stammbucheintragungen beigegeben.

Michael Ladenburger

Beethovens Stammbuch

- - wer alles was er kann

Erlaubt sich hält, und auch wenn kein Gesez ihn bindet,

<u>Der Güte groses Gesez</u> in seinem Herzen nicht findet

Und wär er Herr der Welt - mir ist er ein Tiran

Bonn d 24 8br 1792.

Der Himmel mein Inniggeliebter
knüpfte mit unauflöslichem Band
unsere Herzen - und nur der Tod
kann es trennen. - Reich mir deine
Hand mein Trauter, und so zum Lebens-
ziel.   Dein Malchus

Gehört die süße harmonie, die in

dem saitenspiele schlummert, seinem Kaüfer,

der es mit taubem ohr bewacht! Er hat

daß recht erkauft, in Trümmern es zu schlagen,

doch nicht die Kunst, dem silberton zu rufen

und in des Liedes wonne zu zerschmelzen.

Bonn d 1<u>ten</u> 9br   Ihre wahre freundin
        1792   wittib Koch

am abend unseres

abschiedes

Ach! der Sterblichen Freuden, sie gleichen den Blüthen des Lenzes,

Die ein spielender West sanft in den Wiesenbach weht,

Eilig wallen sie, kreisend auf tanzenden Wellen, hinunter;

Gleich der entführenden Fluth kehren sie nimmer zurück!

Bonn, den 24<u>ten</u> Oktober   Ihre Freundin Mariane Koch
          <u>1792</u>

Prüfe und wähle.

Bonn den 24<u>ten</u> im 8<u>ber</u>   dein ewig treuer
        1792.   Richter.

Die Schönheit für ein fühlend Herz
Die Wahrheit ist vorhanden für den weisen

– – Die Unsterblichkeit

Ist ein Großer Gedanke

Ist des Schweißes der Edlern werth! —

Bonn den 24ten im Oktober   Dein Freund Koch

      1792.

Prüfe Alles und das Gute Behalte.

So wandre hin du guter Junge!

Und Gottes Seegen gehe dir voran!

Geneus der Freude Allerbeste,

Die das Geschick in holden Händen,

Auf deinem Wege dir entgegen bringt. -

Nur nie zu viel, noch auf einmahl!

Auch daß der letzte Tropfe

Nicht zur Galle werde:

So trink in kleinen Zügen nur

Und denck' bey dem Genuß,

Daß die Natur nur dem

Den Becher wieder füllt,

Der mäßig schlürft und weidlich sich

Die milde Gabe schmecken läßt. ·

Dann laß dirs nie entfallen, daß hienieden

Das Gute äusserst selten ist, und daß

Von allem Seltenen, das Allerseltenste –

Die wahre Freundschaft ist.

Drum prüfe eh' du wählst;

Dann schrecklich ists zu drincken ihren Gift.

Auch sey die Lehre heilig dir,

     „daß Einer nur von Millionen Weesen

     „die Vorsicht dir zum Freund erlesen.

Nun ziehe hin! Sey Bieder stets

Und gut und Wahr! -

Dann sollst du mich |: und bräch' auch alles dir :|

Und unßern trauten Krais,

Mit ofnen Armen, wahrer Liebe

Auf deine Rückunft harren sehn!

Bonn am 25<u>ten</u>   Meinem Lieben Betthoven zur

8bre 1792   glücklichen Reise, von seinem ihn

                                   Liebenden Freunde Joh: Jos: Eichhoff

Lieber Beethowen!

Sie reisen itzt nach Wien zur Erfüllung ihrer so lange
bestrittenen Wünsche. Mozart's Genius trauert noch
und beweinet den Tod seines Zöglinges. Bey dem uner =
schöpflichem Hayden fand er Zuflucht, aber keine Beschäf =
tigung; durch ihn wünscht er noch einmal mit jemanden
vereinigt zu werden. Durch ununterbrochenen Fleiß
erhalten Sie: <u>Mozart's Geist aus Haydens Händen.</u>

Bonn d 29^t. Oct. $\overline{792}$.   Ihr warer Freund Waldstein OT

Es bedarf nicht der Inschrift;

Daß wir, einer des anderen, in Liebe gedenken:

Freundschaft grube mit Feurschrift

Dich mir tief, unauslöschlich in's Herz; und wie würd' ich dich kränken,

Dächt ich anders von deinem gleichfühlendem Herze?

Ja, stäts denk' ich mit Innbrunst

An dich Theurster! bald, wie du die Liebe, dem Zorn und die feinere Scherze

Mächt'ger Meister der Tonkunst!

Leidenschaften nach Willkühr

Und mit Wahrheit der Saite entlockest; daß Feinde

Selbst dich schätzen; ich denk' mir

Bald, wie du vom berauschenden Beifall im traulichen Kreise der Freunde

Ausschnaufst. - Bringst du ein Thränchen dem nahen u n s h e i l i g e n Sarge;

Dan gar denk' ich mich mit dir

Am Arm wandelnd zum Hügel, der bisher den edlen barge

Unbesuchet vom Freund. Hier

Seufz' ich mit dir, bis K – hört

Und erhörend im lichtnen Gewande hernieder sich schwinget.

Er kömmt schwebend daher; stört

Das Todblümchen auf, das hingebücket ein Opfer der Trauer ihm bringet. -

Sieh: es richtet sich auf. Das Epheu, und, was bisher getrauert,

Lebt. Ob seinem Hinabschwung

Weht das Laub, so ein liebliches Lüftchen |: sein Athem:| durchschauert.

Horch auf: die Unterredung

Beginnt. Sein ist die Sprach, die da stöhnt mit Zypreßengeknister.

Ich antworte mit Seufzen; und Du mit dem schmelzendsten Lautegeflüster.

Bonn den 30^{n} 8^{ber} 1792.   Degenhart

Bestimmung des Menschen.

<u>Wahrheit</u> erkennen, <u>Schönheit</u> lieben,

<u>Gutes</u> wollen, das <u>Beste</u> thun.

Bonn den 30<u>ten</u> October
1792

Denk, auch ferne, zuweilen Deines
wahren aufrichtigen Freundes
Heinr. Struve aus Regensbrg.
in Russisch Kaiserl. Diensten

<u>Symbol</u>[um]   Nach der <u>Blüthe</u> der Jugend erndte im reifern Alter
die <u>Früchte</u> der Weisheit ein.

- - - Freundschaft, mit dem guten,

Wächset wie der Abendschatten

Bis des Lebens Sonne sinkt. - -

Herder

Bonn den 1 November   Ihre wahre Freundinn Eleonore Breuning.
          1792.

sieh'! es winket o freund lange dir albion
sieh'! den schattigen hain, den es dem sänger beut.
    eile denn ungesäumet
      über die flutende see.
wo ein schönerer hain beut seine schatten dir,
und so freundlich die hand reichet ein barde dar,
    der von unsren gefilden
      floh' auch in albions schutz.
dort ertöne dein lied stark und des siegesvoll,
halle wild durch den hain, über das seegewühl,
    hin in jene gefilde
      denen du freudig entflohst.

                denk an deinen Freund
                C v Breuning

bonn den 1 9bre 1792

Handle, die Wissenschaft, Sie nur, machte

nie Glückliche.

Dein Freund P. J. Eilender

Bonn den 1 ten 9ber 1792.

Freund wenn einst bey stiller Mitternacht
fern von Uns, der Tonkunst Zauber Macht
    Dich in sanfte Phantasien senkt,
Hochgefühl dein Weesen gantz durchbebt,
Mozart's Genius dich überschwebt
    Und dir lächelnd seinen Beyfall schenkt.

Wenn der Einklang schön gewählter Töne
dann dein Herz erfreut - o laß das schöne
    Einst so gut gestimmter Freundschaft dich noch freun,
Denk der fernen, guten - Kömmst du einst zurücke,
|: froh sehn wir entgegen diesem Augenblicke :|
    O wie wollen wir uns Herz an Herz dann wieder freun

Bonn d 1ten Oct 1792.   J. H. Crevelt
                               Arzt.
                    ihr Verehrer und Freund

sagen sie ihm, daß er für die Träume seiner Jugend

soll achtung tragen, wenn er Mann sein wird

nicht öffenen soll dem todtenden Insekte

gerühmter besserer Vernunft das Herz

der zarten Götterblume daß er nicht

soll irre werden, wenn des staubes Weißheit

<u>Begeisterung</u>, die Himmels Tochter lästert

Bonn d 1<u>ten</u> 9vembre   Dein Freünd Klemmer
<u>1792</u>

Stammbuch der Babette Koch

An

Meine liebe Freundin

Betty Koch

Am

1ten Jenner 1789

Bonn d 11<u>tn</u> 8<u>ber</u> 1790.

Trollt euch hübsch hurtig und munter
zum Stammbuch Babettens herunter
ihr meine Phantasien, ihr Kinder
meiner Rosenstunden! Geschwinder geschwinder
als je reiht euch in Versen zusammen, und du
mein Harlequin, mein Witz, durchjauckle mein Gedicht,
und spar mir ja den Bockssprung nicht!
dann Phöbus Apollo deinen Segen dazu!

doch weh mir armen Tropf!
es war ein Griff mit voller Hand
in einen leeren Topf.
Sieh da! zum Glücke fand
am Boden sich ein schlichter Pfenning; die Präge
heißt Freundschaft. Verschmäh ihn nicht, wenn ich ihn hier
Freundinn! zum Opfer dir
auf diesen Altar lege.

F. Lapostolle

An des treuen Gatten Seite

    Strahlt dich Himmelswonne an,

Freuden sind itzt dein Geleite

    Rosen blühn auf deiner Bahn.

Pflücke sie zu schönen Kränzen,

    Doch zertritt das Blümchen nicht

Dessen Farben minder glänzen,

    Das man nennt, Vergiß mein nicht

Köln am 14ten Juli 1802

    Diese Zeilen erinnern dich Gute

    auch in der Entfernung an deine

    dich aus ganzer Seele liebenden

    Freundinn C: Lapostolle

Recht thun und edel sein und gut,

ist mehr, als Geld und Ehr

da hat man immer guten Muth

und Freude um sich her

und man ist brav und mit sich eins,

scheucht kein geschöpf und fürchtet keins

Claudius

von ihrer Freundinn

Lapostolle

Werthe Freundinn! ich verehre

Dich, Du bist es werth.

Guter Himmel! O bes[c]here

Ihr, was Sie begehrt.

<u>Anno 1790</u>   M: A: V: K:

Wirst du einst an deine freunde dencken,

    Denk o freundinn auch an mich zuruck,

Wirst du ihnen stunden schencken

    schencke mir nur einen augenblick.

Rheinberg d 11$^{\underline{ten}}$ novembre,   Von ihrer freundinn und dienerinn.

    1790.   Marianne goebel.

Auch ich soll Holde! meinen Spruch

Zur Zahl der Auserwählten bringen;

Ich soll O! Einzige das all in Worte weihen,

Was nur zu fühlen möglich ist.

Reich ist die Sprach' des Vaterlandes zwar;

Und hoch und herzerhebend sangen unsre Barden

Die Thaten deutscher Helden,

Im deutschen Tone sangen Sie,

Daß drob das Ausland staunte.

Doch wär' ein Bard' ich selbst

Und säng wie Ossian

Ich sänge nicht die Helden

Dich Säng ich nur.

Erobrer gab ja jedes Land,

Auch Dichter gabs Sie zu besingen,

Doch dich O! Meisterstück hervorzubringen,

Das konnte nur das Vaterland.

Bonn am 12<u>ten</u> xbre 1790

Der verehrungswürdigsten meiner

Freundinnen

von

Eichhoff

Das edelste Schön, ist das Schöne der seele,

Wenn sie zu der Quelle der Schönheit empor blüht;

    Wo Tugend nicht wohnet,

Ist die Schönheit nur Farb, und Glanz, der am abend dahin welkt

        Tugend ist Schönheit.

Rheinberg d 17$\frac{18}{11}$90

        Von ihrer aufrichtige Freund und

        Dienerin Lise Goebel

Der, wer nie dein Freund gewesen,

Kennt die Engels Wonne nicht

Die nur wahre Freundschaft gibt

Mögtest du auch fernerhin

Mich als deinen Freund betrachten

O! so würden Engel selbst

Kaum so seelig seyn als ich

Ihr aufrichtiger Freund

Bonn d 12<u>tn</u> May

      790   Ferdinand Goebel.

aus Rheinberg

Je ne crains pas la mort

Cartel est mon sort

Mais je crains de mourir

Dans votre souvenir

De votre sincere Amie

Marianne De Leerodt

Man nehme die Freundschaft hinweg aus der Gesellschaft
der Menschen, und sie ist erloschen die wohlthätige Fackel
die uns leuchtet auf des Schicksaals dunklen Weegen
Welche Aufmunterung Freundschaft zu nähren!

Erinneren sie sich hierbey, liebe jezuweilen an ihren guten
Freund, der fern von hier wenig von dem Süsen des Umgangs
mit Freunden schmecken wird, daß er dann sich doch freuen
kann seiner Freundschaften im lieben Teu[t]schland.

Bonn d 15<u>ten</u> Aprill 1791

Welche Wonne sich nennen zu können
ihren Freund K: F: Kügelgen

- es haüft verführerisch
der Trennung Stunde alle Süßigkeit,
und aus ihr kömmt ein ungewohnter Schmerz
auf den getrennten.- -

Cristoph Breuning.

Bonn d 29ten 8ber 1793

Die ihr Gefühl mit anderen vereint,
sie nimmt ein jeder mild und freundlich auf,
Mergentheim d 6 / 1795 / 12   den andren schließt sich sorgsam jedes Herz -
C B

Von Roßen sind die bande der liebe,

Die Bande der Freundschaft von Gold

Die Roßen verblühn verwelken vergehn,

Die Bande der Liebe zerreißen.

Die Bande der Freundschaft die Bande von Golt

sind starker es trännt sie auch Rost nicht.

Sie trennet nur starke Gewalt

Mit Mühe nur starke gewalt.

Erinnern sie sich hierbey

Ihres tr[e]uen Fr[e]undes

Gerhard Kügelgen

Nicht der unedele Bund selbsüchtiger Seelen, auch nicht täglicher traulicher

Umgang, den gesellschaftlicher Trieb u: Bedürfniß erzeugte - nicht einmal

die süße Freuden u: die nicht minder süße Thränen der Simpathie

dürfen Anspruch machen auf die erhabene Benennung: <u>Freundschaft.</u>

Freundschaft im ächten - höhern Sinne des Wortes ist das gemeinschaft =

liche Streben besserer Menschen zum großen Ziele: <u>Tugend u: Verede</u> =

<u>lung der menschlichen Natur.</u>

Wer kennet besser - auch in der Ausübung, diese Wahrheit, als Babette?

Ihr ähnlicher, Ihrer Freundschaft würdiger zu werden, ist unter meinen

Wünschen der lebhafteste, soll der wirksamste auf meinen Willen werden!

<u>Kölln den 9ten April 1791</u>   Karl Willhelm v: Keverberg.

Freundschaft ist ein wahrer Schutzengel auf dem Pfade des Lebens: sie ist eine Schwester der Wahrheit. Wohl dem, der dieses Schutzengels Stimme ver = nimmt. - Wem es gegeben ist, sie zu vernehmen, der versteht sie auch.

Die Freundschaft ist eine unzertrennliche Schwester der Wahrheit: darum wird sie auch, wie diese, verkannt. Nur Wenige wissen was sie ist. Aber diese Wenige erhalten auch mit ihr den Vorzug der Wahrheit, aller Lästerungen und Verfolgungen ungeachtet unveränderlich, Freunde, zu bleiben.

H Fölix

Mergenth. d 10.Novemb 1795

Amitié! doux agile des Coeurs

C'est á toi que je me Sacrifie

Si l'amour nous donne la Vie,

C'est toi qui en fais les douceurs

à Embs ce 27. d'Aout

1793.

que ces lignes aimable Démoiselle

Babette Vous rappellent quelque fois

celui, auquel Vous avés permis de

Se nommer, & qui est bien Sincérement

Votre Ami & Serviteur

G Ed During

Hannoverien

Durch das innigste band vereinte die natur das

edelste Schwestern paar, das sich ihrem Schoos entwand, -

Freundschaft und liebe, „seyd unzertrennlich„ sprach sie

ihnen, „und ihr erreicht den schönsten Zweck der

Schöpfung, menschen zu beglücken. „die schwestern schwuren

sich den beglückenden ewigen bund, und knüpften

einen unauflöslichen Kranz am Altarr der Göttin

der Tugend.

Bonn d 4ten Feb   Ihre aufrichtige freundin

    1794   E Bona

Schleudert auch das unerbittliche Schicksal alle Blize auf mich herab, -
unerschrocken faß ich seine Donner in meiner Brust. - Und sink
ich wie die zerschmetterte Eiche im dampfenden Hayne, dann, dann
find ich Labung im Arme der Freundschaft. – –

Bonn d 6^t Februar 794.   O daß Sie mir stets blieben, was
                                Sie theure mir sind - theuerste Freundin
                                C. A. Malchus

Freundschaft, edle Göttergabe
Die die Wanderschaft zum Grabe
Zum Beneiden glücklich macht:
Freundlich von dir angelacht,
Fühlet selbst der Greis am Stabe
Wie sein Leben angefacht!

Simb.
Reden, denken, Handeln
trenne man nie voneinander.

Bad Ems den 22ᵗᵉⁿ August
1793.

Das Bewußtsein Sie meine Theuere, zur Freundin bekommen zu haben wird mir gewiß immer eine seelige Empfindung seyn: kurz ist die Zeit unserer Bekantschaft, aber für mich schön und wichtig! ich lernte Ihr träfliches Herz so kennen, daß mir die Versicherung Ihrer Freundschaft ein Schaz ist dessen Werth ich ganz fühle. Nehmen Sie auch hier noch die Versicherung meiner Hochachtung und den teutschen Handschlag der Freundschaft, beides wird immer Probe halten!!
Leben Sie recht glücklich meine Freundin, und werden Sie die Gattin eines Mannes der Ihrer ganz werth ist und so denkt wie Sie! Freuen werde ich mich sehr Sie meine Freundin einst froh wieder zu sehen, Ihnen auf gut teutsch die Hand zu drücken und zu sagen: Hier ist Ihr

Freund Carl Tempelhoff
K. P. A. L. aus Berlin

Erlauben Sie daß ich Ihnen noch folgendes bekante Gedicht aufschreibe:

Ein Eremit am Libanon
Den man als einen Heil'gen ehrte
Und welchen Gott zum öftern schon
Durch himlische Gesichte lehrte,
Lag flehend einst vor seinen Tron.
Da machte sich in stiller feier
Schnell Elim, Fürst der Seraphim,
Berührt sein Aug' und spricht zu ihm:
Sieh jenes Weib im Nonnenschleier
Und schwarzen härnen Bustalar!
Sie kniet am ersten Sühnaltar,
Und ein Gebeth des Isaiden
Strömt über ihren Lippen hin.
Doch hier, wie sehr von ihr verschieden
Ist diese junge Stäterin! -
Die Freude lacht aus ihren Minen,
Und mit erhitzter Aemsigkeit
Würckt sie ein buntes Feierkleid.
Sprich, welche betet unter ihnen? -

„Die am Altar" erwiedert er,
und fält aufs Antlitz und eröthet.-
   „Du irrst! sie sagt Gebete her",
   Versetzt der Geist "und diese betet".-
„Sie?" rief der Klausner: "ihre Hand
„Würckt ja mit gottvergeßnem Fleiße
„Ein Kleid." - „Für eine arme Weise!"
   Sprach Elim lächelnd und verschwand.

Beten Sie meine Freundin immer
so wie Sie gestern beteten

      T

Lebe wohl biß in die spätsten Jahre

fern von Dir waß bitter Leiden macht

daß zum Trost ich lange noch erfahre

wie der Schutz des Höchsten dich bewacht

denn laß mich für meinen Wunsch noch wißen

daß in dir für mich noch Freundschaft wohnt

hir mit empfiehlt sich zum bestendigen

Andenken Ihre aufrichtige Freundin

Ems d 30ten Aug: 1793

Sophie von Holzbrink

geboh von Budberg

Das harte Schiksal trennt uns wieder

Geliebte Freundin – vieleicht zum leztenmahl

drük ich, den Freundschafts Kuß auf deine Lippen nieder

doch unser Bund bestehet überall

        Lebe wohl gutes Mädchen u vergiß nicht

        deine dich herzlich liebende Polzer

Mergentheim am 29ten October

    1795

Glücklich - nur glücklich sind Menschen, die milde Sterne

vereinen, und ihre Herzen, ihr Glück und Wesen in

ein Looß verflößen   Nur Harmonie knüpft ihren

Frieden, und nur sie stimmt alle Leidenschaften in

sanfte Liebe. Hier zeigt Freundschaft ihre süße Ge =

walt, und nur sie sichert die Seeligkeit dieser E d l e n

Einer Ihrer ersten

Freunde nennt sich

Frid. Diel.

Ems d. 30$^{\underline{t}}$ Aug.

1793.

- Let th' aspiring youth beware of love,

Of the smooth glance beware; for 'tis too late,

When of his heart the torrent - softness pours.

Then Wisdom prostrate lies, and fadind fame

Dissolves in air away.

     Thomson.

Minerv', Apoll und alle Musen
Vereinten sich, um in dem Busen
Babettens ihren Siz zu wählen,
Wie kont' ein Meisterstück hier fehlen?

Ems am 27. August
1793.

hätte ich den Zauber=Pinsel eines Voss,
so würde ich Sie wertheste Freundin
treffender haben schildern können, halten
Sie indeßen mir Stümpeler diese Skize
zu gut, u erinnern sich dabei eines
Freundes, der stolz ist sich so nennen
zu dürfen, u die Stunde seegnet, in
welcher er Ihre werthe Bekandschaft
machte;

J: P: F: Lausberg
von Brüßel
ein geborner Elberfelder

Nur der Freundschaft holde Bande;

beglücken ohne Schmerz. -

Bad Embs den 30<u>ten</u> Aug

        1793

Erinnern Sie Sich auch in

der entfernung an diejenige

die sich schmeichelt Ihre

Freundin zu sein

Wilhelmine Birkenstock

geb: Röder

Wo andere Sorgfältig Jahre lang
nach Freunden wählen: da verbindet
gleich geschaffne Seelen der erste Augenblick!

Bad Ems d 30$^{\underline{t}}$ Augst
1793.

Diese Zeile mögen Sie
an den angenehmen Auf-
enthalt zu Ems und an
eine Freundin erinnern
R R Feder

Nimm, holde Freundin, ein Geständniss sonder Scherz,

Daß ich dich ungetheilt und innigst liebe.

Dein unschuldsvoller Blick, dein sanftes, gutes Herz,

Rechtfertigt, adelt, heiligt meine Triebe.

Zwar nennt das Vorurtheil der Thoren Sünde,

Was ich vor Gott und Weisen rühmlich finde

Doch dort in einem freien Lande,

Wo kraftlos sind der Pfaffen Bande,

Dort, o Babette, dürfte ich

Mein einzigs Liebchen nennen dich.

Th:

O divine amitié felicité parfaite
Seul mouvement de l'ame ou l'exces soit permit
Compagne de mes par dans toutes mes demeures
Dans toutes les saisons & dans toutes les heures -
Sans toi tout homme est seul: et peut par tou appui
Multiplier son étre, et vivre dans autrui

Bonn le 30 d' Octobr 1792.

Que tout le monde me haisse me deteste
Pourvu que votre amitié me reste.

Souvenir de l'amitié la
plus sincere de votre
ami
Charles August Malchus

Weggehn muß ich, und weinen! Vieleicht, daß die lindernde Thräne

      Meine betrübniß verweint.

Lindernde Thränen, euch gab die Natur dem Menschlichen Elend

      Weis' als Gesellinnen zu.

Wäret ihr nicht, und könnten ihr leiden die Menschen nicht weinen,

      Ach! wie ertrügen sie's da!

Weggehen muß ich, und weinen! mein schwermuthsvoller Gedanke

      Bebt noch gewaltig in mir.

Klopstock.

Bonn d 19<u>ten</u> April 1790.

Chercher á vous Satisfaire

C'est le plus doux des plaisirs,

A vous aimer, á vous plaire,

je borne tous mes désirs,

Et pour exciter mon Zéle

A mériter vos bontés,

J'ai le plus parfait modele,

C'est vous qui le présentez.

A ma chere Babet

de la part de votre Amie C: de

Mirman.

Rheinberg le 17 Novembre

1790.

Que les tourmens de L'Absence

Sont donc affreux pour un Cœur!

quand L'Amittie et la Constance

font ensemble son bonheur,

Ah! comment peindre la peine

qui troubleroit mes beaux jours;

Si loin de toi, chere Amie,

je devois vivre toujours.

Rheinberg le 17 Novembre   á M<u>dll</u> Babet

1790.   de le part de votre

                                             Amie L: De Mirman

Hier in diese Wüsteneien
Sind wir ewig nicht gebaut.
Keine Zäre mag uns reuen;
Denn sie fiel in Gottes Hand.
Was auf diese dürren Auen
Von der Unschuld Thränen fält,
Wird gesamlet, zu bethauen
die Gefilde jener Welt;

Mit vielen vergnügen schreib ich diese Zeihlen, denn sie erinnern Sie zuweilen
an Ihren wahren Freund J: L: Facius

Die Erinnerung an die frohe glückliche Augenblicke, die ich Liebe
Freundin! in deiner Gesellschaft genossen habe; wird auch in der
Ferne, mir noch die jnnigste Freude gewähren:
Nimm hier meinen wärmsten Danck, für deine Freundschaft und
Güte, womit du mich in der kurzen Zeit, unser Bekanntschaft -
beglückt hast. - Sei versichert meine jnnigeliebte Freundin! daß ich
alles thun werde - mich deiner <u>Güte</u> gegen mich, werth zu machen.
Lebe wohl! denk zuweilen an deine

dich ewigliebende Freundin
Nettchen Klein

Bonn d 13ten 7bre
1794. -

La supreme Jouissance est dans le
Contentement de Soi meme, c'est pour meriter et
obtenir cette Jouissance que nous sommes placés
sur la Terre, et doués de la Liberté; que nous
sommes tentés par les Passions, et retenus
par la Conscience -

          Souvenir de votre vrai ami
               Etienne Breuning.

Mergentheim
le 6 decemb 1795.

Für den Menschen ist nichts wohlthätiger, als die erhabene und rührende Idee eines Gottes, wie wir sie aus der Betrachtung seiner Wercke schöpfen - und die aus dieser Idee fliesende Gefühle von Unsterblichkeit und Freundschaft; denn durch beyde erhält der menschliche Geist einen Schwung, dessen er sonst nicht fähig seyn würde; und vermittelst ihrer erhebt er sich auf eine Höhe, auf welcher er, gerne und zufrieden, so lange verweilt, biß ihn der, der ihn in dieses Anfangs-Leben einführte, in eine andere Region seiner Schöpfung abruft

Mergentheim
am 2.^{n} November
1795.

Mit dem herzlichsten Vergnügen möchte ich es Ihnen, gutes Bärbgen, recht oft beweisen, wie werth Sie mir sind, und wie sehr ich Zeit-Lebens bin Ihr

wahrer Freund
J. L. Dörfeld.

Du bist gut und edel, bist vor so vielen hunderten
deiner Schwestern von der Natur mit
geistisch und koerperlichen Schoenheiten aus =
gezeichnet: Aber all = deine entschiedenen
Vorzüge sind doch nur Irrdisch! —!
drum o liebes Maedchen! wandle nicht immer
in hoehern Regionen, neige dich hernieder
zu dem Urstoff, aus dem du geschaffen
bist!   Gebe etwas nach von deinem dir
vieleicht selbst gebildeten Ideal, und mache
den deutschen Biedermann, der dir seine
Hand bietet, mit der deinigen glücklich, wenn
Er auch jenem Ideal nicht ganz gleichen sollte.
damit du nicht einst hülfloß und verlassen =
und deiner Neider Spott werden moegest!!!
Leb wohl gute Babet, und verkenne nicht die
herzliche Stimme deines treuen redlichen Warners
beim Abschied von Mergenth: und Freundes Veit.
am 7^t Jenner <u>1796</u>.

Dringend bitte ich dich, liebes gutes bärbchen!

laße die haüfige und mannichfaltige unannehm =

lichkeiten welche du in Mergentheim zu er =

dulden hattest, nicht ursach werden, daß du mit

dem ort zugleich, auch deine dort zurükgelassene

Freünde aus deinem andenken zu verban =

nen suchest; sondern erinnere dich als zu =

weilen mit Freündschaft deiner, dich so

von ganzem Herzen liebenden Freündin

d 8ten jenner   Bona.
   1796

Dich stets zu Lieben ist mir Pflicht –

ich bitte dich, vergiß mein nicht.

Bonn d 13 7bre

      1794 –

Bei lesung dieser Zeilen, denk

einige mal an deine dich innigliebende

Freundin Nettchen Klein –

Lebe recht wohl. –

O hätten nur des Menschen Tage
   nicht Trennungen:
So wär bey aller Plage,
   nichts schröckliches in der Natur!

Text zu Seite 127

Der Mensch, noch rohes wildes Kind

Erkannte weder Recht noch Sünd;

Man mordete, betrog und raubte,

So wie's die stärkre Kraft erlaubte. -

     Allein nach tausend tausenden Aeonen

Wird Wahrheit, Treu' und Menschlichkeit

Mit allen sanften Trieben der Geselligkeit

In aller Menschen Herzen thronen.

In diesem allgemeinen Licht

Wird selbst der Tugend Glanz verschwinden,

So wie beim hellen Sonnenschein wir nicht

die kleinste Spur der Sterne finden.

                  Nicht

Nicht Hass, nicht Neid wird Menschen unrechts lenken,

Kein eitler Thor wird sich noch edler denken.

 In dieser wahrhaft goldnen Zeit

 Wovon der blosse Traum schon unser Herz erfreu't,

 Da würden doch die besser'n Menschen streben,

Sie Edle Freundin! über and're zu erheben.

What ever is, is Right.

Mergentheim am   Polzer

30ten Oktr. 795.   mpria

Nein! der ist nicht vom Schicksall ganz verlassen, dem in der Noth
ein Freund zum Trost erscheint, reich oder arm, in Lumpen oder
Seide, immer ist Freundes Anblick tröstlich.

    Wenn ich nun einsam und verlassen, in den Rückerrinnerungen
der Freundschaft Trost suche, mein Geist bei der Güte verweilet, die
die gute edle Bärbchen mir immer erzeigte; dann ist mein einziger
Wunsch daß diese Zeilen bei ihnen mein Andencken erhalten,
und sie ferner ihre Freundschaft schencken mögten

Münster den 8ten 10ber   ihrem Freunde jos Neesen
        1796